D1718142

Anne Richter
Sendezeit

Anne Richter

SENDEZEIT

Roman

Osburg Verlag

Die Autorin dankt dem Ministerium für Wissenschaft,
Forschung und Kunst Baden-Württemberg für die Förderung
ihrer Arbeit an diesem Roman durch ein Projektstipendium
während der Corona-Pandemie.

Die Handlung und alle Personen sind frei erfunden.
Jegliche Ähnlichkeit mit lebenden oder toten Personen
ist rein zufällig und nicht beabsichtigt.

Erste Auflage 2024
© Osburg Verlag Hamburg 2024
www.osburgverlag.de
Alle Rechte vorbehalten,
insbesondere das der Übersetzung, des öffentlichen Vortrags
sowie der Übertragung durch Rundfunk und Fernsehen,
auch einzelner Teile.
Kein Teil des Werkes darf in irgendeiner Form
(durch Fotografie, Mikrofilm oder andere Verfahren)
ohne schriftliche Genehmigung des Verlages reproduziert
oder unter Verwendung elektronischer Systeme
verarbeitet, vervielfältigt oder verbreitet werden.
Lektorat: Bernd Henninger, Heidelberg
Korrektorat: Hilke Ohsoling, Lübeck
Umschlaggestaltung: Judith Hilgenstöhler, Hamburg
Satz: Hans-Jürgen Paasch, Oeste
Druck und Bindung: CPI books GmbH, Leck
Printed in Germany
ISBN 978-3-95510-344-6

Teil I

1

Der frühe Herbstwind pfiff über den Weg und wirbelte einige Blätter auf, als Hinrich Matuschek an einem Septembermorgen 1952 auf das Schulgebäude zulief.

Es war sein erster Arbeitstag an der Blindenschule in W., seiner kleinen Heimatstadt südlich von Berlin, Kreisstadt seit diesem Sommer. Einen Augenblick lang schritt er langsamer und schloss die Augen, um sich vorzustellen, wie es wäre, den roten Klinkerstein, das Laub, den grauen Kieselsteingrund nicht sehen zu können. Das Pfeifen wurde dadurch nuancierter, fächerte sich in eine Palette von Tönen auf, die sich überschnitten oder nebeneinander erklangen, und manchmal schien es, als würde der Wind etwas wispern, um kurz darauf zornig aufzubrausen.

Obwohl er eine halbe Stunde vor Unterrichtsbeginn ankam, hatten sich bereits ein paar Schüler vor der Schule versammelt.

»Hallo, Wolfram«, rief ein etwa vierzehnjähriger Junge, und der Angesprochene, ein langer schmaler Schüler mit dunklem Haar und grauer, in die Stirn gerutschter Schiebermütze, der sich aus einer anderen Richtung kommend dem Gebäude näherte, erwiderte schwungvoll: »Wie waren die Ferien, Georg?« Die beiden bewegten sich erstaunlich zielsicher aufeinander zu, begrüßten sich mit Handschlag und Schulterklopfen und suchten schließlich gemeinsam den Weg zum Eingang. Georg war einen Kopf kleiner als Wolfram, ebenso schlank wie er, hatte aber strohblondes Haar und helle Augen.

»Soll ganz majestätisch aussehen, das ehemalige Blindenheim, mit Turmerkern, Giebeldächern und vielen Fenstern«, sagte Wolfram. – »Jetzt werden wir Heimbewohner.« Georg lachte und Wolfram sagte: »Das war einmal, Georg, ab heute werden hier die schlausten Kinder des Landes lernen, und in vier Jahren machen wir unser Abitur.«

Hinrich war schon einige Male an der Schule vorübergegangen, hatte sie jedoch nie genauer betrachtet. Als er jetzt die steile Treppe zum Eingang hinaufstieg, dachte er, wie mühsam diese wenigen Schritte für die sehbehinderten Schüler sein mussten. Zumindest gab es seitlich ein gusseisernes Geländer.

Die schwere Eingangstür öffnete sich nach außen, über die oberste Stufe hinaus – ein ungünstiger Übergang zum Geländer. Sollte er den beiden Jungen die Tür aufhalten? Er blickte zurück: Am Fuß der Treppe waren sie stehengeblieben, um weiter zu plaudern.

Im Gebäude noch einmal schmale helle Steinstufen, halbkreisförmig angelegt, dann das erste Stockwerk. Es roch nach Farbe, ein erstickender Geruch, als habe man nach dem Malern nicht lang genug gelüftet, vielleicht weil dafür keine Zeit geblieben war. Halbhoch der Backstein im breiten, dürftig erhellten Gang, die weiß gestrichenen Wände darüber noch kahl, er wandte sich suchend nach rechts, durchquerte kunstvolle Bögen aus Ziegeln, lief an Klassenräumen vorbei. Als er wahllos an eine Tür klopfte, ertönte hinter ihm eine Stimme und ein kleiner Mann, dunkelhaarig, korpulent und bebrillt, kam ihm mit offenen Armen entgegen: »Überpünktlich, Herr Matuschek, eine solche Zuverlässigkeit begrüßen wir hier sehr! Herzlich willkommen! Ich bin Gustav Weiler, der Direktor.«

Die Eingangstür schlug dumpf, kurz darauf tauchten mehrere Schüler auf, darunter auch die beiden Jungen. Sie tasteten sich langsam an der Wand entlang.

»Alles noch provisorisch, aber wir sind froh über unser neues Schulgebäude. Stellen Sie sich die Möglichkeiten vor, eine große Aula im Obergeschoss, mit Empore und einer Holzbühne für Schulfeiern und Theateraufführungen. Für den Sportunterricht gibt es immerhin ein kleines Feld, von dem wir noch die Steine absammeln müssen ... Welche Klasse, ihr beiden?« – Der Schulleiter sprach Georg und Wolfram an und wiederholte seinen Namen. Sie blieben augenblicklich stehen und erwiderten wie aus einem Munde: »9b!« – »Das trifft sich gut, euer neuer Klassenlehrer Herr Matuschek steht hier vor euch«, sagte der Direktor.

Die Jungen streckten ihm ihre gespreizten Finger entgegen, auf ungleicher Höhe, aber anders als erwartet: Wolframs Arm zeigte schräg nach oben, während Georg wohl vermutete, dass Hinrich kaum größer als er selbst sei. Hinrich schüttelte ihre Hände und folgte dann den Worten des Direktors: »Begleiten Sie die Jungen zum Klassenzimmer und kommen Sie danach in den Keller, ich brauche Hilfe beim Transport der Schreibmaschinen.«

Unsicher, ob er die Schüler den Weg entlang geleiten sollte, nahm Hinrich Georg am Oberarm und führte ihn den Gang hinab, wohingegen Wolfram seinen Arm wegzog, als Hinrich ihn berührte. Stattdessen schob er sich allein an der Mauer und den Türen entlang. Am Ende des Flurs löste Georg sich mit leichtem Ruck aus dem Griff und sagte: »Ich möchte nicht gezerrt werden, sondern mich lieber an Ihnen festhalten.«

Hinrich hielt ihm seinen Arm hin, Georg griff in die Luft und fragte ungeduldig: »Wo denn?« Da führte Hinrich Georgs Hand zu seinem Ellbogen, Georg tastete nach der richtigen Stelle und sagte: »Gehen Sie einen halben Schritt vor mir, so klappt es besser.«

Es dauerte einige Minuten, bis sie und auch Wolfram das Klassenzimmer erreichten, und als Hinrich den Raum eilig wieder verließ, hörte er die beiden über das Parfüm des Direktors spotten. »Wenn er keine tiefe Stimme hätte, wäre ich mir sicher, dass er wie meine Großmutter aussieht«, sagte Georg und Wolfram entgegnete: »Die ganze Schule riecht merkwürdig, aber wir haben trotzdem Glück, dass wir einen Platz bekommen haben.«

2

Eine solche Schreibmaschine hatte Hinrich noch nie gesehen. Ein filigranes und zugleich robustes Gerät, bestehend aus sechs nach vorn ragenden, länglichen Tasten und einer Leertaste in der Mitte. Behutsam schloss er den Kasten wieder.

»Wir müssen uns beeilen«, sagte der Direktor, »tragen Sie am besten zwei übereinander.«

Wieder und wieder stiegen sie in den Keller hinab, um die Schreibmaschinen in allen Klassenzimmern zu verteilen. Hinrich hastete durch den ersten Stock und die düsteren Gänge des Erdgeschosses, die sich immer mehr mit Schülern füllten. Nur mühsam fanden sie sich hier zurecht, orientierten sich an vereinzelten Fenstern, den Schritten ihrer Freunde, den kalten Wänden.

Als es trillernd und blechern klingelte, begann Hinrich verschwitzt, außer Atem und mit Druckstellen an Armen und Händen seinen Unterricht.

Noch immer mangelte es an Lehrern. Im Krieg war Hinrich Funker gewesen, in der Gefangenschaft hatte er eine Antifa-Schule absolviert. Zurück in der Stadt, während auch die anderen Soldaten nach und nach heimkehrten, wusste er schlagartig, dass er diese Arbeit machen wollte, und ließ sich in einem mehrmonatigen Kurs zum Lehrer ausbilden.

Nun waren Geschichte und Physik seine Fächer. Und warum nicht mit jungen Menschen arbeiten, die die Welt weniger mit den Augen als mit anderen Sinnen wahrnahmen? Auch sie kannten den Krieg und wünschten sich einen Alltag ohne Bedrohungen; sie wollten lernen und gemeinsam etwas erleben.

Die Klassen an der Blindenschule waren kleiner als an gewöhnlichen Schulen. Jeder der fünf sehbehinderten Neuntklässler saß an einem zweigeteilten Schreibtisch: ein Fach für die Braillemaschine, das daneben für Punktschrifttafel, Griffel und weitere Materialien. Einige Schüler wandten ihm ihr Gesicht zu, als sähen sie ihn an, andere hielten den Kopf halb gesenkt, und wenn Hinrich den Raum durchquerte, bewegten Silvia, eine braungelockte, kräftige Schülerin, und Wolfram ihre Köpfe so, als folgten sie mit Blicken seinen Schritten. Die beiden und auch Georg besaßen einen geringen Sehrest, das hatte Hinrich in den Schulunterlagen gelesen.

Er öffnete ein Fenster, klare Herbstluft strömte herein, und ein paar Vögel sangen wild und heiter. Die Schüler begannen zu flüstern, wie leicht es manchmal sei, giftige und essbare Pilze am Geruch zu unterscheiden, welche von ihnen sich wie Moos, Gummi oder Leder anfühlten, und Georg brummelte, er würde lieber auf dem Schulhof Fußball spielen als im Wald Pilze sammeln.

»Ihr wart doch schon mal auf dem Funkerberg, in der Nähe der Senderhäuser?«, unterbrach Hinrich ihr Getuschel.

Aus allen Richtungen kam Zustimmung, gemurmelt, gerufen, durch Klopfen.

»Aber habt ihr die Radiostation auch von innen ...« – Er stockte, weil er nach einem passenden Wort suchte, einem anderen als *gesehen*.

»Die ist doch abgesperrt, dafür braucht man eine Sondergenehmigung«, erwiderte Wolfram. Er trug noch immer seine Schiebermütze, die selbst dann nicht verrutschte, als er sich kurz am Hinterkopf kratzte.

»Genau!« Hinrich hielt ein Blatt Papier hoch, wedelte damit in der Luft, ließ die Hand verlegen sinken.

»Ich werde eine solche Genehmigung vom Direktor ausstellen lassen und gehe davon aus, dass wir die Station nächste Woche besichtigen können.«

Jetzt war es Hinrich doch passiert …

»Habe ich ›besichtigen‹ gesagt? Welches Wort schlagt ihr stattdessen vor?«

»Besuchen?«

»Erleben.«

»Begreifen.«

Die Jugendlichen redeten durcheinander, lachten, erfanden immer neue Begriffe, Zusammensetzungen: *behorchen, anriechen, streichgreifen, handsehen, luftlecken, drähtelauschen*, bis Wolfram laut, ernsthaft und nüchtern in das Stimmengewirr hinein sagte:

»Erfassen.«

»Der Herr Philosoph hat weise gesprochen«, spottete Georg, wovon Wolfram sich nicht irritieren ließ, im Gegenteil, er fuhr fort: »Das bedeutet berühren und verstehen zugleich, oder berührt werden.« Antje, kurzhaarig, hellblaue Augen, neigte den Kopf, sodass ihr Ohr sich auf Wolfram zu richten schien, während Silvia von ihrem Fensterplatz aus trotzig und bestimmt einwarf: »Mich interessiert Technik gar nicht.«

»Weil dein Vater bei dem Sender gearbeitet hat. Alle hier wissen, dass dein Vater Hitler gut fand«, rief Fred.

13

»Und alle wissen, dass *dein* Vater schon immer ein Roter war! Der macht es sich jetzt in der SED-Kreisleitung bequem.«

Silvia wandte ihren erhitzten Kopf; sie schien Fred, dessen Gesicht reglos blieb, anzustarren; vielleicht erkannte sie verschwommen eine grobe Kontur, vielleicht sogar den rötlichen Schimmer seiner Haare, mehr aber wohl kaum.

Ein Windzug fuhr durch das Klassenzimmer, und ein Fensterflügel schlug gegen den Rahmen. Silvia verschränkte fröstelnd ihre Arme vor der Brust und Antje zuckte kurz zusammen.

»Ein gutes Stichwort«, sagte Hinrich und schloss nachdrücklich das Fenster, »eigentlich haben wir jetzt Geschichte, nicht Physik. Die sogenannten Roten werden uns in den nächsten Unterrichtsstunden beschäftigen. Die Arbeiter und Soldaten und ihre Feinde. Die Novemberrevolution.«

Nachdem die Schüler das Schreibtischfach aufgeklappt hatten, half Hinrich ihnen beim Einlegen des dicken, kostbaren Papiers.

»Wer kann mir zeigen, wie man auf der Braillemaschine tippt?«

»Stellen Sie sich eine Würfelseite mit sechs Punkten vor«, sagte Wolfram, »durch verschiedene Anordnungen der Punkte entstehen die Buchstaben. Aber wir schreiben nicht jeden einzelnen Buchstaben, sondern verwenden Kurzschrift.«

Wolfram tippte probeweise einige Wörter und danach bereitwillig einen kleinen Text über ihre ersten Eindrücke von der neuen Schule. Fast mühelos verband er alle Wahrnehmungen der anderen zu klaren Sätzen, den stechenden Farbgeruch (Silvia), die kühlen und glatten Fenstergriffe (Antje), die Stühle, die sich anfühlten wie zu Hause (Georg), das nervtötende Knarzen des Lehrertischs (Fred).

Nach dem Unterricht bat Hinrich den Direktor, noch eine Weile in der Schule bleiben zu dürfen, um Punktschrift zu üben, und Gustav Weiler war sofort damit einverstanden.

3

Damals, an diesem Nachmittag kurz vor seinem achten Geburtstag, war Hinrich der Weg auf den Funkerberg endlos vorgekommen. Stetig rannte er bergan, sein kleines Funkgerät ans Ohr gepresst: einen selbstgenagelten Holzkasten, an dem ein paar schwarze Schnüre hingen. Vorüber an Gärtner, Schuhmacher, Tischler, Bäcker, dann das Haus vom Landwirt, der auch Fuhrunternehmer war und dessen Pferdewagen alles transportierten, Kohlen, Milch, stinkenden Dung. Ihm gehörte auch das Grundstück unterhalb des Funkerbergs.

Hinrich rannte mitten auf der Straße, zwischen ausladenden Bäumen stolperte er über das grobe Kopfsteinpflaster, Regen peitschte ihm ins Gesicht und seine kurzen Haare klebten am Kopf. Er schluckte die Tropfen, die unablässig in seinen offenen Mund rannen. Ärgerlich wischte er sich mit dem Arm über die Augen und kam doch nur blinzelnd voran. Der Wasserturm ein Schemen, eingehüllt in Gräue. Am Horizont eine dichte Wolkendecke.

Das Pflaster ging in Äcker über, der Boden wurde weicher. Gerade als er den winzigen Apparat mit der Hand schützend umschloss und dazu ansetzte, eine Unwetterwarnung auszusprechen, glitt er auf dem matschigen Grund aus.

Er hörte Gelächter, drehte sich aber nicht um. Die Beine schlammbedeckt, stand er auf und suchte auf dem Feld nach seinem Kästchen, das ihm beim Sturz aus der Hand gefallen war. Er taumelte zwischen glänzenden grünen Blättern hindurch, wühlte gebückt mit seinen Händen in den Pflanzen. Plötzlich trat ein Fuß auf seine forschenden Finger. Der Bauer!, blitzte es in seinem Kopf auf, während ihm ein kurzer Schrei entfuhr. Als er, den Mund verzerrt, seinen Blick hob, sah er in Jakobs Augen, die er aus zahllosen Schulstunden kannte, die Augen des längsten und unerschrockensten Jungen seiner Klasse, dessen Worte mehr Gewicht hatten als die mancher Lehrer.

»Na, Radiohinni«, Jakobs Schuhsohle drückte noch einmal auf Hinrichs Handrücken, »buddelst die Erde um auf der Suche nach Schätzen?« Neben ihm stand Carla, die Hände in die Hüften gestemmt, mit regennassen Zöpfen; die pfiffige, lustige Carla, deren Vater doch selbst dabei gewesen war, damals im Wirtshaus! Sie grinste, schob die Zunge in ihre Zahnlücke, hob abwartend die Brauen.

»Oder willste dir auch eine Zelle bauen, Kerkerhinni?«, sagte Jakob.

Er stieß mit der Schuhspitze in die Erdklumpen zwischen den Rübenpflanzen und fügte hinzu: »Komm, ich helfe dir dabei.«

»Mein Vater ist längst draußen«, presste Hinrich hervor.

Pfeilschnell zog er an Jakobs Schnürsenkel und riss ihn ab. Zu überrascht, um dagegen zu protestieren, hielt Jakob inne und starrte auf seinen abgewetzten, erdbespritzten Schuh.

Auf dem abgezäunten Gelände weiter hinten ragten, um die Senderhäuser herum verteilt, die Masten und

der freistehende Turm empor und schienen die tief-
hängenden Wolken beinahe zu berühren. Antennen
wie bleistiftdünne Striche, an diesem Tag fast unsichtbar, verbanden sie miteinander.

Hinrich stand auf, schüttelte seine schmerzende
Hand und trat einen Schritt vor, sodass er den ova-
len Umriss des winzigen Leberflecks an Jakobs Hals
erkennen konnte.

»Du bist zu dumm dafür, aber ich werde Physiker
oder Funker!«

Nach einem verächtlichen Blick auf Carla wandte
er sich um und ging, scheinbar flanierend, über das
unbestellte Feld zur anderen Seite davon. Erst als er
einige flache Häuser erreicht hatte, begann er zu rennen, die Faust fest geschlossen um das Stück Schnur,
das er vorläufig, solange er keine Drähte mehr hatte,
für ein neues Funkgerät so dringend brauchte.

4

Das Hauptthema im geräumigen Lehrerzimmer war der Umzug in das neue Gebäude, die Mühen der letzten Wochen, die Erschöpfung und nun endlich der Lohn: ein pünktlicher Schuljahresbeginn, vor allem aber die unerwarteten, wunderbaren Möglichkeiten, den Unterricht und die Freizeit der Schüler zu gestalten. Was sollte fortgesetzt, was erweitert, was erneuert werden?

Das Lehrerzimmer war noch kahl und karg eingerichtet. Eine geöffnete Packung Kaffee stand auf dem Ecktisch, Hinrich nahm reichlich davon, schaute sich suchend nach heißem Wasser um und lauschte den Gesprächen. Er schien der Einzige zu sein, der beim Umzug nicht mitgeholfen hatte, vielleicht der einzige Neuling im Kollegium. Eine Frau, blond, grünäugig, in seinem Alter, gesellte sich zu ihm:

»Marianne, Deutsch und Musik.«

Sie gab ihm nicht die Hand, sondern berührte ihn flüchtig an der Schulter und flüsterte in sein Ohr:

»Ein Kaffeelöffel pro Person, ein ungeschriebenes Gesetz. Und Wasser gibt es in der Küche.«

Beschämt senkte Hinrich den Blick auf seine Tasse. Natürlich wusste er, wie teuer und rar manche Lebensmittel noch immer waren, doch die Betriebsamkeit hatte ihn abgelenkt, Erzieher, Techniker, Lehrer, sogar Köchinnen und Wäscherinnen redeten in dem kleinen Raum durcheinander; die Hälfte von ihnen, schätzte er, war selbst sehbehindert.

»Musik, da können Sie hier viel machen.«

»*Du* – bin Genossin.«

Klare Züge, gerade Nase, schmales Antlitz: Sie wirkte entschlossen und eigenwillig.

Der Hausmeister, ein kleiner Mann in tintenblauer Arbeitshose, stieg auf den mit Zetteln, Nägeln und allerhand Werkzeug übersäten Holztisch in der Mitte und setzte oben eine Glühlampe ein. »Die Letzte!«, rief er stolz aus. Es gab nur drei Stühle und einen einzigen Schrank aus Spanplatten und um den Tisch versammelten sich stehend die Lehrkräfte und diskutierten über das neue Schuljahr:

»Wir müssen beständige Unterrichts- und Raumpläne erstellen, in zwei Wochen kommen noch mehr Internatsschüler aus Halle und Neukloster.«

»Bettwäsche fehlt noch. Haben wir genügend Lebensmittel und Utensilien in der Küche?«

»Marianne, wann gibt der Chor das nächste Konzert? Nehmt ihr dieses Jahr an einem Wettbewerb teil?«

Die Sehenden bewegten sich geschmeidig, um den Blinden nicht im Weg zu stehen oder ihre Gesten zu behindern. Hinrich hätte Marianne gern gefragt, wie ihre Erfahrungen mit den Schülern und dem Unterricht waren, doch sie wandte sich dem Mann zu, der sie gerade angesprochen hatte. Einen Moment später fasste sie Hinrich am Unterarm: »Nach der sechsten Stunde erzähle ich dir, was du über die Schule wissen musst. Aber jetzt hole ich die Schüler herein.« Ihre Augen blitzten vor Energie, sie machte große, ausladende Schritte, bei denen ihr dunkelgrüner Rock mitschwang. Als es kurz darauf zum Ende der

Hofpause klingelte, sah Hinrich durchs Fenster, wie sie langsam und geduldig zwei Schülerinnen über den Schulhof zum Hintereingang führte.

5

»Wir sind stolz, dass wir den Umzug geschafft haben«, erzählte Marianne, »in der alten Schule fehlte es an vielem. Es gab weder richtige Klassenräume noch ein weitläufiges Internatsgebäude. Und die wenigen Unterrichtsmaterialien ... schleppten die Lehrer im Rucksack aus Berlin an. Anfangs fuhr auf der Strecke ein Zug mit Dampflok, jetzt gibt es zum Glück die S-Bahn. Manche Schüler hatten kaum Kleidung, deshalb bin ich den Erzieherinnen in der Waschküche abends zur Hand gegangen und wir haben die Wäsche am Ofen getrocknet, sodass die Schüler sie morgens anziehen konnten. Den Chor und die Laienspielgruppe haben wir aber dort gegründet.«

Sie schob ihr Rad, damit sie ein Stück des Weges gemeinsam gehen konnten. Den Wald, der die Schule umgab, hatten sie längst hinter sich gelassen. Sie liefen langsam am Straßenrand entlang, der Wind zauste leicht an den Blättern der Bäume.

»Was soll ich sagen: Die Schüler sind großartig. Ich lerne jeden Tag von ihnen.«

Das flache Land erstreckte sich weit und Hinrich atmete tief ein: Es war seine Stadt, seine Landschaft, nach den Jahren der Abwesenheit war er endlich zurück. Den Geruch der Felder im Herbst hatte er vermisst, obwohl keiner in seiner Familie je in der Landwirtschaft gearbeitet hatte. W. war kein Dorf mehr! Früh schon gab es hier in der Gegend Industrie, Ziegeleien, Tapeten- und Holzleistenfabriken, und natürlich, ganz in der Nähe, den Schwermaschinenbau.

Wind kam auf und fuhr in Mariannes halb-langes Haar; sie band es mit einer raschen Bewegung zusammen. Einen flüchtigen Augenblick lang griff er nach ihrem Rad, als fürchte er, dass es fortwehe. Sie lachte: »Das Rad ist stabil, so wie ich.«

Es war herrlich, unter dem hellen Himmel zu spazieren und zu wissen: Kein Flugzeug würde sich drohend nähern, das Geräusch der Traktoren nach und nach übertönen, die Menschen in die Luftschutzkeller treiben und die Tiere in Panik versetzen.

»Ich bin hier aufgewachsen«, sagte Hinrich, »deshalb dieser Ort und diese Schule.«

»Seit einem Jahr kenne ich die Kollegen nun«, sagte Marianne. »Sie kamen aus allen Richtungen, nicht nur geographisch. Gustav Weiler saß wegen ›Vorbereitung zum Hochverrat‹ im Gefängnis, Effi Meister dagegen hat einmal, in einem unachtsamen Moment, vom Zusammenhalt und Drill im Bund deutscher Mädel geschwärmt und eilig hinzugefügt, dass unsere Blinden aber auch überaus diszipliniert seien. Und ich … war mit meiner Familie in Mexiko im Exil.«

»Ich war als Funker bei der Nachrichtentruppe.«

Erleichtert wie nach einer Beichte wandte er sich Marianne zu.

War sie zusammengezuckt? Ihm schien, sie rücke jäh ein wenig von ihm ab, nah an die bewachsene Böschung heran.

»Und jetzt schnell umgesattelt und alles vergessen?«

Hinrich schüttelte den gesenkten Kopf: »Nichts vergessen.«

Er bewegte die Hand, als wolle er eine Fliege verscheuchen, doch es ging um die Bilder in seinem Kopf, die an diesem friedlichen Nachmittag undeutlich bleiben sollten, schwach und leise, im Hintergrund; er hatte zu spät begriffen, leugnete aber nicht, dass er seine Begabung und Leidenschaft in den Dienst der Falschen gestellt hatte. Wann hatte er begonnen, es zu erahnen?

Sie liefen schweigend an einem Bauernhof mit Kühen und Hühnern vorüber; die stämmige Bäuerin trug ein dunkles Kopftuch und redete, eine Hand in die Hüfte gestemmt, die andere in der Luft, aufbrausend mit einem jungen Gehilfen, doch ihr Zorn galt nicht ihm, sondern der im Sommer begonnenen Kollektivierung. Sie sorgte sich um ihren Hof: »Unser Ackerland und unsere Tiere, davon ernähre ich meine Familie!«

Während sie in ihren Gummistiefeln zielstrebig auf ein laut gackerndes Huhn zustapfte, sagte Marianne:

»Vielleicht sind wir zu früh zurückgekommen. Vielleicht ist das Land noch nicht so weit, gleich, ob in Ost oder West. Obwohl ich gerne glauben möchte, dass man sich hier nach Kräften bemüht.«

Geschickt griff die Bäuerin nach dem Huhn, das nun noch schriller gackerte und mit den Flügeln schlug. Augenblicklich hielt sie die Spitzen der Flügel fest und hieb mit einem Stock auf den Kopf des Tieres. Stille trat ein. Der Hof war groß, nachlässig eingezäunt, und an den Gummistiefeln der Bäuerin hingen Erdklumpen. Sie verschwand mit dem betäubten Tier in einer Scheune.

»Nein, es ist gut, dass wir hier sind«, sagte Hinrich mit fester Stimme. Auch an seinem Haar, dunkelblond und dicht, fast strohig, zerrte jetzt der Wind; einzelne kurze Stöße trugen die süßlich-herben Gerüche von Dünger, Erde, Stall und Tieren zu ihnen herüber.

»Mexiko …«, murmelte Hinrich. »Bei uns zu Hause hing neben dem Radio eine Weltkarte, aber selten schaute jemand darauf. Nur ich stellte mir als Kind oft vor, wo die Sendungen vielleicht überall zu hören waren, in Amerika oder Sibirien, in Schwarzafrika oder sogar am Südpol. Dann suchte ich das Radio nach ausländischen Sendern ab, weil ich dachte, das müsse auch umgekehrt gehen. Dass ich die Sprachen nicht verstehen könne, kam mir anfangs nicht in den Sinn. Aber es war nicht so schlimm, weil oft Musik gespielt wurde und auch das Gesprochene für mich melodisch klang.«

Vor ihnen nur Ebene bis zum Horizont, vereinzelt Pflaumenbäume mit überreifen violetten Früchten, ein paar schneeweiße Wolken am hohen Himmel, Krähen, die auf die Felder niederstürzten, sich über letzte Körner hermachten, glänzend schwarz zwischen dicken Strohballen; kleine Traktoren ratterten gleichmäßig.

»Radio haben wir in Mexiko auch viel gehört«, sagte Marianne, »aber für uns war die Sprache wichtig. Deutsche Sender regten meine Eltern auf, die gebrüllten, abgehackten, stumpfsinnigen Reden, nur bei klassischer Musik wurden sie ruhiger. Ich hörte lieber fröhliche Mariachi-Musik und zerrte meine Schwester zum Tanzen vom Stuhl. Unsere kleine Küche war ganz bunt, da lagen Tücher, Farben, Papier, Früchte herum.«

Sie ließ ihren Blick über die Landschaft gleiten, als suche sie dort denselben Farbenreichtum.

»Ich bin in Mexiko erwachsen geworden. Das Land hat die Exilanten mit offenen Armen empfangen, für antifaschistische Künstler wie meine Eltern herrschten utopische Zustände dort. Man hat ehemalige Spanienkämpfer aufgenommen, die vor Franco flüchteten, Antifaschisten aus aller Welt Visa ausgestellt. Wir gehörten zur deutschen Exilgemeinschaft, waren gut integriert, es gab den Heinrich-Heine-Klub, wo Lesungen stattfanden und Theater gespielt wurde. Da habe ich auch Anna Seghers kennengelernt, noch vor ihrem Verkehrsunfall.«

Als Hinrich sie fragend ansah, fuhr Marianne fort:

»Sie ist die Vorsitzende unseres Schriftstellerverbandes. Auch für meine Eltern war klar, dass wir nach Deutschland zurückkehren müssten, um hier eine neue Gesellschaft aufzubauen. Obwohl ihnen der Abschied schwerfiel. Er als Fotograf, sie als Malerin liebten das Licht, die Atmosphäre, auch wenn es oft Meinungsverschiedenheiten unter den Künstlern gab. Als Trotzki ermordet wurde, saßen wir mit unseren Freunden in der Küche, es wurde unglaublich viel getrunken; nie zuvor hatte ich so wütende Stimmen gehört. Man stritt sich die ganze Nacht bis aufs Blut, ob sein Tod auf Stalins Konto gehe oder nicht.«

Hinrich verstand nicht ganz, was sie meinte: Wieso Stalin, dessen Armee dazu beigetragen hatte, den Krieg zu beenden? Aber er dachte nicht weiter darüber nach, weil es ihn drängte, ihr von sich zu erzählen:

»Als Jugendlicher habe ich in einem Betrieb mitgeholfen, die Volksempfänger zu bauen. Ich war von dem Gerät fasziniert. Mein Vater wollte es mir verbieten, aber ich habe mir nichts sagen lassen und bin heimlich hingegangen, immer wieder, sobald der Hausarrest vorbei war. Wenn er mitbekam, dass ich auch zu Hause Propagandareden hörte, hat er das Radio sofort ausgeschaltet, mich übers Knie gelegt und den Apparat für ein paar Wochen an einen anderen Ort gestellt. Aber später im Krieg ...«, Hinrich stockte, »hätte ich selbst gern alle Funkgeräte abgeschaltet. Mich begeisterten das Funken, die Wege der Übertragung, nicht die Inhalte, die Ideen – dass man das nicht voneinander trennen kann ... Als es zu Ende war, begannen die Träume ... Buchstaben verwandeln sich in Bomben, Drähte in Schlangen, Zeichen geraten in Feindeshand. Werden entschlüsselt, was ich im Traum abwechselnd als Glück oder Unglück empfinde.«

Obwohl der Bauernhof schon ein Stück entfernt lag, hörte Hinrich ein überlautes Knacken, ein zweites, ein drittes. Die Knochen des Huhns, dachte er, oder eines anderen Tieres. Bin ich verrückt geworden? Ihm schwindelte; er suchte die Linie am Horizont, hielt sie mit den Augen fest.

»Auch in unserem Schulgebäude gab es unter Hitler ein Rundfunkstudio, aus dem jede Menge Propaganda gesendet wurde«, fügte er hinzu.

»Ich weiß«, erwiderte Marianne, »aber vielleicht hast du recht und wir müssen gerade deshalb hierbleiben.«

Sie deutete auf einen Feldweg nach rechts, band ihren Rock hoch und stieg aufs Rad: »Bis morgen.«

6

Schwungvoll drückte Weiler den Stempel aufs Papier:
»Alles erledigt, Herr Matuschek, der Bildung unserer
Schüler darf nichts im Wege stehen. Zwar nimmt die
Bürokratie gerade unvorstellbare Ausmaße an, aber
dass von unseren Blinden keine Gefahr ausgeht, leuch-
tet selbst der SED-Kreisleitung ein. Einen schönen
Wandertag!«

Hinrich hatte nur kurz den Kopf durch die einen
Spaltbreit offene Tür gesteckt, das Blatt entgegen-
genommen, gedankt, zum Abschied gegrüßt. Draußen
wartete eine lebhafte und wortgewandte kleine
Schülergruppe.

Der Herbsttag war wie geschaffen für einen Ausflug, die Jugendlichen mussten den Harzduft riechen,
die bräunlichen, unter ihren Schritten knisternden
Kastanienblätter und Pilze, die zwischen den Schul-
gebäuden kleine Kolonien bildeten. Mittlerweile hatte
Hinrich entdeckt, dass beim vorderen Backsteingebäude ein bei Pärchen beliebter Rundgang begann,
der an den einzelnen halbhohen Häusern entlang-
führte, dass die Kleinen links neben dem Spielplatz
und unweit eines Stalls, aus dem oft aufgeregtes
Schweinegrunzen drang, ihren Kindergarten hatten,
während die älteren Schüler rechts im etwas abseits
gelegenen Internat wohnten. Ganz hinten stand das
alte Kesselhaus mit Heizanlage und Waschküche. Es
war viel mehr als eine einfache Schule. An manchen
Tagen sah er, wie acht-, neunjährige Internatsschüler,
ordentlich gekämmte Kinder mit Rucksäcken und

sauber geputzten Schuhen, sich von ihren Eltern verabschiedeten, wie sie sich nach dem Passieren des stets besetzten Pförtnerhäuschens am endlos erscheinenden Zaun entlangschoben, während Mutter oder Vater auf der anderen Seite mitliefen und die Erzieherin tröstend auf das Kind einredete. Aber schon am nächsten Tag war alles vergessen, spielten dieselben Schüler fröhlich auf dem Schulgelände, als wären sie hier zu Hause.

Hinrich trommelte seine Schüler zusammen, und sie machten sich auf den Weg, über die Brücke am Kanal, an der Schleuse und dem Schleusenwärter vorüber, begleitet vom Tuten eines Dampfers. Hinten nörgelte Silvia, sie würde lieber in den Park gehen, vorne eilte Wolfram ungeduldig, als kenne er den Weg zur Radiostation auswendig und als fürchte er sich nicht im Geringsten vor Hindernissen auf dem Bürgersteig.

Auf der breiten Straße, an deren Ende der Funkerberg thronte, ratterte ein Fuhrwerk vorbei, wie früher vollbeladen mit Dung, und Fred und Silvia hielten sich die Nase zu. An der Bäckerei imitierte Georg die hohe Fistelstimme des Bäckerjungen, der gelegentlich beim Verkauf aushalf: »Seit zwei Uhr auf den Beinen ... immer frisch aus unserer Backstube ...«, und alle lachten. Ab und an blieb Hinrich stehen und rief: »Mir nach! Mir nach! Immer meiner Stimme nach!«

Die Sendemasten erkannte er von Weitem, und bald darauf tauchten auch die roten Giebeldächer der niedrigen Senderhäuser auf.

Ein Beamter stand mit ruhigem Gesicht am Zaun, um sie einzulassen. Hinrich händigte ihm das Formular aus, und der Beamte blickte einen Schüler nach dem anderen prüfend an. Dann führte er Hinrich und die Jugendlichen an einem dichten Tannenwäldchen und vereinzelten krummstämmigen Bäumen vorüber zum Senderhaus 2, wo der verantwortliche Techniker, ein hagerer, grauhaariger Mann mit länglichem Gesicht, auf sie wartete. Er trug einen dunkelblauen Arbeitsanzug und ein dazu passendes graublaues Käppi; seine Kleidung erinnerte an eine Uniform. Geschwind schloss er ihnen die äußere Tür auf, dann die innere, und sie tasteten sich in den Raum hinein. Wenige Fenster ließen Tageslicht herein und von der Decke hingen Neonröhren, die aber ausgeschaltet waren. Es brannte helles Kunstlicht, das weder blendete noch flackerte.

»Es riecht nach Bohnerwachs«, sagte Antje, »Vorsicht, nicht ausrutschen!«

»In meinen Gedanken riecht es nach Metall, aber ich weiß, dass man Metall nicht riechen kann«, fügte Wolfram hinzu.

»Abgestandene Luft aber sehr wohl«, meinte Georg lachend.

»Und es riecht auch nach Wasser«, ergänzte Fred.

Jetzt begannen die Jugendlichen zu streiten, ob man Wasser riechen könne oder nicht. »Du schummelst und hast bestimmt einen guten Sehrest«, stichelte Silvia, und Fred klapste ihr mit der flachen Hand auf den Hinterkopf, eine ungeschickte Bewegung, die dennoch ihr Ziel nicht verfehlte. »Meine Mutter musste schwanger jede Nacht in kaltem Wasser stehen, als mein Vater im Gefängnis saß und sie verhört wurde, deshalb bin ich blind, frag mal deinen Vater, der weiß Bescheid!«

Leise fügte er hinzu: »Aus ihren Erzählungen weiß ich, dass man Wasser riechen kann, nicht nur Meerwasser, Flusswasser, Regenwasser, Abwasser, sondern auch einfaches Leitungswasser.« Seine Stimme war mit den letzten Worten angeschwollen, sodass Hinrich ihm eine Hand auf die Schulter legte, um ihn zu beruhigen. Silvia sagte nichts mehr, hielt sich stumm den Kopf, und Hinrich dachte: Es muss destilliertes Wasser sein, damit werden die Senderöhren gekühlt ...

Er hatte den Schülern verschwiegen, dass er noch nie hier gewesen war. Vor ihnen ein großer Raum, darin der berühmte Sender 21, sein weiß-braunes Steuerpult mit roten, grünen und weißen Tasten, verschiedenen Reglern und Rädern, einem Telefon, davor ein leerer Holzstuhl, auf dem nun der Techniker Platz nahm, und hinter durchsichtigen Kunststoffscheiben Kupferspulen, Elektronenröhren, Kondensatoren, Zeigerinstrumente, Drähte, weitere kleine Räder. Die Gruppe stand unschlüssig am Eingang herum, bis der Techniker sie zu sich rief. Wolfram stützte sich mit beiden Händen auf den Rand des Pults und neigte seinen Kopf darüber, und obwohl ihm das Augenlicht fast vollständig fehlte, schien er mit seinem langen, schmalen Hals einer grazilen Giraffe zu ähneln, die das große Ganze überblickte und zugleich jedes Detail unter sich erkennen wollte. Behutsam strich er über die Tischkante, maß die Breite mit den Händen ab, ertastete ein, zwei Knöpfe, deren Funktion ihm der Techniker erläuterte; mit offenem Mund lauschte Wolfram seinen Worten. Antje, die auch heute wieder vorsichtig seine Nähe suchte, trug ein blau weiß geblümtes Kleid; das Haar frisch geschnitten, schien sie zu leuchten, das musste auch Wolfram spüren. Während die Jugendlichen sich am Pult verteilten, spazierte Hinrich durch den Raum und betrachtete die Geräte von Nahem. Die Spulen glänzten, keine einzige Spur von Rost, manche Zeiger standen still, andere schwangen aus und langsam zurück; alles schien regungslos und zugleich in Bewegung, Abläufe, deren Mechanismen er kannte und begriff und die ihn doch verblüfften und faszinierten. Hier, im Hintergrund, in einem vom Leben abgeschotteten Raum, wurde der Grundstein gelegt für die unzähligen Sendungen, für die Übertragung von Wissen und Aufklärung, Propaganda und Agitation, einfachen Melodien und berühmten Orchesterwerken.

Der Techniker erklärte das Surren hinter den Scheiben, gelegentliches Klacken, dünnes Fiepen, Geräusche, von denen keines den Schülern entging. Sie fragten unaufhörlich. Während er ihre Hände nacheinander zu den Knöpfen führte, erzählte er, wie Kondensatoren und Stromkreise funktionierten, wie man die Abläufe von hier aus überwachte und wie der Raum eingerichtet war. Er malte ein detailliertes Bild für die Schüler, erwähnte Größe und Formen, den Platz jedes Gerätes, jedes Geräteteils, Masten und Antennen auf dem weitläufigen Gelände des Funkerbergs, der gar kein richtiger Berg sei.

»Ganz am Anfang stand hier nur ein Militärwagen und die Antennen wurden von Ballons und Drachen in die Luft gehoben.«

»Und die Drachenschnur diente als Antenne?«, fragte Wolfram und richtete seine Mütze auf dem dunkelbraunen Haar.

Der Techniker hob anerkennend die Brauen und sah Hinrich an: »Genau.«

Sogar Silvia, die wilden und dichten Locken heute straff zusammengebunden, wollte jeden Knopf, jeden Hebel berühren und ausprobieren. Stolz darauf, dass man es ihr erlaubte und dass sie ernst genommen wurde, hörte sie dem Techniker gebannt zu. Georg lief langsam quer durch den Raum, wobei ihm ständig neue Fragen und Bemerkungen einfielen. Ungeordnet rief er alles heraus, während Antje und Fred still und zurückhaltend an der Längsseite des Steuerpults verharrten und ihre Eindrücke zu durchdenken schienen.

»Wie lange gibt es den Sender schon?«

Hatte Fred länger darüber nachgedacht? Oder war es eine spontane Frage?

Hinrich jubelte innerlich; insgeheim hatte er auf diesen Satz gehofft. Der Techniker begann zu erzählen:

»Der Sender hat eine ganz besondere Geschichte. Er wurde nämlich unter schwierigen Umständen gerettet. In Betrieb ging er in Tegel, das war 1933, noch vor dem Krieg. Dann war er natürlich in den Händen der Nazis, die kurz vor Kriegsende die Anweisung bekamen, keine funktionierenden Sender zu hinterlassen. Und was passierte nach dem Krieg mit Berlin?«

»Wurde in vier Sektoren aufgeteilt«, sagte Georg und redete drauflos: »Einmal hat mich ein Soldat beim Obstklauen erwischt, er sagte immer *pomme*, und ich antwortete, nein, ich bin nicht aus Pommern, er wollte mir nicht glauben, dass ich blind bin, dachte, ich tu nur so …«

»Ein Franzose«, sagte Antje und lächelte übers ganze Gesicht.

»Ja, aber zuerst war die Rote Armee da«, fuhr der Techniker fort, »und hat das Funkhaus und den Sender besetzt. Und weil die Leitungen zwischen beiden beschädigt waren, haben Deutsche und Sowjets gemeinsam eine Übergangslösung gefunden, einen Studiowagen direkt am Sender, von dem aus das Programm zugespielt wurde. Damit es dabei nicht zu Störungen kam, musste der Wagen ein Stück weit abgeschirmt werden, stellt euch vor, mitten im zerstörten Berlin! Noch schwieriger war es aber, Plattenspieler und Mikrofone bereitzustellen … Die erste Sendung befasste sich mit der Befreiung vom Faschismus. Aber dann«, der Techniker hob die Stimme, »kamen die Franzosen, Engländer und Amerikaner, und alle stritten sich um den Sender. Und wisst ihr, was dann geschah?«

Jeder der Jugendlichen hatte seine eigene Art, Ungeduld auszudrücken: Wolfram hielt den Kopf starr, das Gesicht halb dem Techniker zugewandt, Antje trippelte unauffällig von einem Fuß auf den anderen und Georg gab leise Pfiffe von sich. Gleichzeitig tuschelte er mit Silvia: Vielleicht eine geheime mitternächtliche Aktion? Vielleicht eine Geiselnahme?

Fred hingegen trommelte mit den Fingerkuppen seitlich gegen das Steuerpult.

»Die westlichen Alliierten sprengten die Antenne des Senders, weil sie angeblich den Flugbetrieb störte.«

Ein Raunen ging durch den Raum, und Georg imitierte geräuschvoll die Sprengung.

»Daraufhin haben die sowjetischen Techniker den Sender abgebaut und hierher zu uns gebracht.«

Erneut ertönte vielstimmiges Gemurmel, das Rätsel war endlich gelöst, aus den Körpern der Schüler wich die Spannung, sie stellten sich bequem hin oder tänzelten ein paar Schritte umher.

»Können wir auch mal – Radio machen?«

Der kraftvolle und drängende Tonfall ließ keinen Zweifel daran, dass Wolfram seine Frage ernst meinte.

7

Später erzählte die Mutter manchmal von den Ereignissen jenes Winters, wenn der Vater, der ohnehin beharrlich schwieg, nicht zu Hause war und Hinrich zum Essen oder Kartenspielen ins Wohnzimmer kam. Noch später sammelte Hinrich alles, was er darüber finden konnte, Zeitungsberichte, Fotos, Briefe von behördlichen Funkstationen und von unbekannten ausländischen Absendern.

In diesem merkwürdigen, milden Dezember 1920 war Hinrich, im selben Jahr geboren, erst wenige Monate alt gewesen. Hätte er nur mehr geschrien!, sagte die Mutter, die Stille in der Wohnung habe sie kaum ertragen, weder davor noch danach.

Der Vater war nicht unversehrt aus dem Krieg heimgekehrt. Abend für Abend ging er in die Kneipe, eilte die Bahnhofsstraße hinab, wo gegenüber dem langgestreckten Backsteingebäude Einheimische ebenso wie Reisende einkehrten, ein junger und kräftiger Mann, der dennoch gebeugt lief, als trüge er eine gewaltige Last. Im Gegensatz zu anderen zitterte er nicht, konnte sogar wieder in der Ziegelei arbeiten, aber gesund? Die Mutter sah ihm oft nach, seinem mächtigen Schemen, wenn er am Abend das Haus verließ. Jetzt im Winter glänzte ihre kleine unebene Straße, feucht vom geschmolzenen Schnee, hie und da lagen schmutzige Reste. Dachte die Mutter an Weihnachten, huschte ein Lächeln über ihr Gesicht, denn es war das erste Fest, das sie als Familie feiern würden. Aber immer häufiger erstarb ihr Lächeln, während eine seltsame Beunruhigung von ihr Besitz ergriff. Tiefer drang der Gedanke in ihr Bewusstsein, dass sie mehrere Tage zusammen in der kleinen Mietwohnung verbringen müssten, einander ausgeliefert, dem Schweigen oder dem Wunsch zu sprechen, ohne flüchten zu können, denn die Kneipe würde geschlossen sein und der Kinderwagen war für lange Winterspaziergänge ungeeignet.

Am Vorabend des 22. Dezember putzte die Mutter gründlich die Wohnung, ordnete die Kleider im Schrank, räumte die frisch gebügelte Bettwäsche in Schubladen, nicht ohne die Fächer zuvor auszuwischen, und entdeckte dabei ganz hinten, in der Tiefe einer flachen Schublade, eine Zeitung und ein zerlesenes, stockfleckiges Buch, *Die Rote Fahne* und *Rosa Luxemburg: Massenstreik, Partei und Gewerkschaften*. Sie blätterte darin, mit zusammengezogenen Brauen, nein, da war kein versteckter Liebesbrief zwischen den Seiten, nicht einmal ein Fussel oder Krümel, und natürlich hatte sie von den Autoren gehört, von dem Mord an Rosa Luxemburg, sie verstand nur nicht, warum die Schriften hier lagen. Sie legte sie mit Bedacht in dieselbe Ecke zurück, überlegte, während sie Kommoden und Nachtschränkchen säuberte, ob sie den Vater darauf ansprechen sollte, aber als er nach Hause kam, begleitet vom Geruch nach Tabak und Bier, zog er nur eilig Schuhe, Hemd und Hose aus und kroch ins Bett.

Am nächsten Morgen war sie schon vor ihm wach und fütterte Hinrich mit Kartoffelbrei; die Fensterscheiben waren vom Dampf beschlagen.

»Ernst …«, setzte sie an, »gestern musste ich daran denken, wie vor zwei Jahren auf dem Windmühlenberg …« Die Kaffeetasse in der Hand schaute der Vater kurz auf, er stand in grauer Arbeitskleidung am Ofen in der matt beleuchteten Küche, draußen war es noch dunkel. »Er heißt jetzt Funkerberg, Hilde«, murmelte er, griff nach den Stullen, die die Mutter ihm gemacht hatte, und packte sie in seine abgenutzte Arbeitstasche. Die Mutter folgte seinen Schritten mit den Augen, als er auf sie zulief; er nahm ihr Hinrich aus dem Arm, wirbelte ihn über seinem Kopf durch die Luft und gab ihn ihr zurück: »Tschüss, kleiner Mann!« Die Tür knarrte beim Schließen.

»Weißt du, Hinrich«, sagte die Mutter, eine Weile nachdem der Vater gegangen war, und beugte ihren Kopf zu seinem Ohr hinab, »unser Windmühlenberg dort drüben ist berühmt. Wenn du größer bist, zeigen wir dir die Antennen und Kasernen, obwohl mir das, was die da drinnen machen, manchmal gar nicht geheuer ist. Und was sie im Krieg dort gemacht haben, erst recht nicht. Eine Militärfunkstation! Aber der Pferdewagen und die Ballons, die darüber schwebten, sahen lustig aus, ganz am Anfang, noch vor dem Krieg, als dort fast nur Feld und Wald war.«

Hinrich saß auf ihrem Schoß, prustete hin und wieder ein wenig Kartoffelbrei heraus, das schien ihm Spaß zu machen, und die Mutter schimpfte scherzhaft mit ihm. Während sie ihm mit dem Latz den Mund abwischte, ihn hochhob und an ihre Schulter schmiegte, fuhr sie, halb mit Hinrich, halb mit sich selbst redend, fort: »Aber heute kennt man unseren

Berg überall, weil die Soldatenräte vor zwei Jahren über unseren Sender Nachrichten an viele besetzte Funkstationen übertragen haben. Das ganze Funknetz wollten sie an sich reißen!« Sie flüsterte: »Sie haben ja recht mit ihren Forderungen, Arbeit brauchen wir und keinen Krieg, Essen und keine Bomben. Aber so viel Blut ... Deshalb habe ich den Ebert gewählt.«

Später, als die Mutter ihm das alles auf ihre eigene Weise, in ihrem eigenen Tonfall erzählte, wollte er mehr wissen über den *Funkerspuk*, der die Ursache dafür war, dass es in den folgenden Jahren streng verboten war, ein Empfangsgerät zu besitzen. Die Besetzung von Wolff's Telegraphischem Bureau in Berlin am 9. November 1918, die Bildung einer Zentralfunkleitung, die über den Sender auf dem Funkerberg meldete, sie habe jetzt die Leitung aller Anlagen übernommen. Der revolutionäre Versuch, ein unabhängiges Nachrichtennetz aufzubauen, der kaum einen Monat andauerte.

An jenem Dezemberabend kam der Vater beschwingt und zeitiger nach Hause, und die Mutter horchte auf die Melodie, die er vor sich hinpfiff. Erstaunt und beseelt erfasste sie die Töne von *Stille Nacht, heilige Nacht*; dass der Vater Vorfreude auf Weihnachten empfand, stimmte sie heiter und zuversichtlich. Sie tranken gemeinsam eine Flasche Wein, was sie schon sehr lange nicht mehr getan hatten, einen schönen burgunderroten, der leuchtete und nach Beeren roch, ein Geschenk eines Verwandten, denn sie selbst konnten sich ein solch edles und eigentlich unnötiges Getränk nicht leisten. Der Wein machte die Mutter mutiger, sie tastete sich mit einzelnen Sätzen an den Vater heran, und er erwiderte etwas, nicht einmal unwillig. Als sie dann über Weihnachten sprachen, das diesjährige und frühere, erschien ihr alles leichter.

Später im Bett rückte sie, während er donnernd schnarchte, an ihn heran und umfasste ihn.

Am übernächsten Morgen, Heiligabend, wurden sie sehr früh aus dem Bett gerissen. Es klopfte und klingelte unablässig an der Tür. Verschlafen setzten sie sich auf; Hinrich hingegen schlief ruhig weiter. Hektisch sah der Vater sich um, und die Mutter hatte einen Augenblick lang den Eindruck, er suche ein Versteck. Sie blickten sich an; dann öffnete er die Tür und ging rasch hinaus. Ein eisiger Luftzug drang in die Wohnung. »Mach dir keine Sorgen, auch nicht wegen des Jungen«, rief der Vater ihr von draußen zu. Die Mutter erkannte, dass dort Polizisten standen, nicht aber, was sie wollten.

Als sie einige Stunden darauf mit Hinrich im Kinderwagen durch den Ort lief, um für das Weihnachtsessen einzukaufen – noch immer hoffte sie, der Vater wäre am Abend zurück –, spürte sie die argwöhnischen Blicke der Nachbarn und anderer Bekannter. Den ganzen Vormittag hatte sie nervös gerätselt, was geschehen sein möge, und Hinrich nur die nötigste Aufmerksamkeit gewidmet. Nun begab sie sich mitten hinein ins Getuschel. Die Nachbarinnen schwiegen unversehens und redeten über Belangloses, man wollte ihr nichts sagen oder dachte, sie wüsste Bescheid, aber Hilde blickte eine nach der anderen an und fragte laut in die Runde, warum ihr Mann mitgenommen wurde. Endlich erfuhr sie, dass drei Männer gestern Mittag im Gasthof heimlich Radio gehört hatten. Ernst, der Wirt und Bruno, ein anderer Arbeiter aus der Ziegelei. Keiner von ihnen habe Reue gezeigt, stattdessen hätten sie von den herrlichen Instrumenten, der Atmosphäre, einer neuen Ära für die Musik geschwärmt. Was für Möglichkeiten sich plötzlich böten! Ein so wunderbares Weihnachtskonzert sei es gewesen!

Die Mutter erschrak: Was sagte die Nachbarin gerade? Ernst und der Wirt hätten selbst einen Empfänger gebaut? Oft frühmorgens, wenn noch keine Kundschaft kam, an dem Gerät gebastelt und es jetzt tatsächlich in Betrieb genommen? Und dann hätten die drei Männer sich minütlich um die Kopfhörer gestritten?

Aus ihrem Gesicht wich alle Farbe, Schwindel erfasste sie, denn sie hatten keinen einzigen Pfennig übrig, um eine Strafe zu bezahlen. Schließlich kehrte die Farbe überdeutlich zurück, die Mutter wurde zornig, schlug mit der flachen Hand gegen den Kinderwagen und erschrak erneut, weil sie Hinrich über dieser Nachricht vollkommen vergessen hatte. Er war doch das Wichtigste!

Unschlüssig und allein stand sie vor dem Lebensmittelladen, die Kraft schien sie wieder zu verlassen, doch dann ging sie hinein und kaufte Kartoffeln und ein Pfund Heringssalat. Zu Hause sah sie im grauen Nachmittagslicht die fein gekleideten Familien an ihrem Fenster vorüber zur Kirche spazieren. Die voneweg rennenden Kinder – Jungen in dunkelblauen Sonntagsanzügen, Mädchen, deren weiße Kleider unter ihren Mänteln hervorlugten – wurden zur Disziplin gemahnt. Hilde wartete ab, bis in allen Häusern warmes Licht brannte, und als sie gewiss war, dass die Straßen leer und finster waren, packte sie den Heringssalat ein, nahm Hinrich auf den Arm und lief zügig ans andere Ende des Ortes. Brunos hochschwangere Frau öffnete ihnen die Tür, begann bei Hinrichs Anblick sofort zu lächeln und bat sie in die kleine, dürftig beheizte Wohnung. In der Mitte der Stube stand ein stattlicher Weihnachtsbaum mit leuchtenden Wachskerzen. Hilde setzte sich und atmete auf.

Nachdem sie gegessen hatten, fragte sie Brunos Frau, ob sie ihr Geld leihen könne. Die Schwangere erhob sich mühsam, um den Tisch abzuräumen, und schüttelte den gesenkten Kopf. »Es reicht gerade für Brunos Strafe«, sagte sie bedauernd und strich Hinrich über die Wange.

8

Hinrich und Marianne begegneten sich nun jeden Tag in der Schule, und er erzählte ihr von Wolframs Einfall, selbst Radio zu machen.

»Gefällt mir gut«, sagte Marianne, »wollen wir unsere Klassen dafür zusammenlegen? Meine Schüler könnten Musiksendungen machen, ich habe einige sehr begabte Leute in meiner Klasse.«

Die Morgendämmerung war gerade erst angebrochen, sie standen in einer Ecke des Lehrerzimmers und tranken gemeinsam eine Tasse Kaffee. Marianne wirkte gleichzeitig verschlafen und wach, ihr Geist schien schon munter zu sein, während ihr Blick noch verträumt und verhangen war. Ihre Haare standen rechts und links ein wenig ab, als habe sie in der Nacht abwechselnd auf beiden Seiten geschlafen.

Hinrich wiegte den Kopf: »Eine einzelne Klasse genügt für den Anfang.«

Marianne hielt einen Augenblick in ihren Bewegungen inne, dann nickte sie.

Innerhalb von wenigen Wochen hatte sich das Lehrerzimmer verändert: Man hatte einen zweiten Tisch hinzugestellt, helle Holzstühle darum gruppiert, den Lehrern Fächer eingerichtet für Materialien und Post, und vor allem die Wände erzählten nun von ihrer Zeit und ihrem Ort. Dort hingen imposante Bilder von Stalin und dem Präsidenten Wilhelm Pieck, vom Schloss und von einer Lichtung der Gegend, ein Gemälde, das aus seiner Mitte heraus in den Raum leuchtete, am Rand die dunklen Schatten des Waldes.

Ein seltsamer Kontrast, dachte Hinrich, ein zwar anmutiges, doch verstaubtes Bild aus dem vergangenen Jahrhundert neben unseren bedeutenden Männern, die das Neue darstellen und verheißen. Jung waren sie allerdings nicht, anders als die meisten der Lehrer.

Aber auch Effi Meister, wie Marianne um die dreißig, sah in ihren stets halblangen grauen Röcken und hoch geschlossenen Blusen wie ein ältliches Fräulein aus. Eine sonderbare Strenge umgab sie, und wenn sie doch einmal lachte, dann mit hoher, gekünstelter Stimme. Mit dem Sehen hatte sie keine Probleme, genauso wenig wie Gustav Weiler, der das ganze Gegenteil von ihr war: nicht jünger als sechzig, von einem ansteckenden Frohsinn, eine natürliche Autorität, die sich mit wenigen klaren Worten durchsetzte, ohne dabei die Stimme zu heben oder harsche Ausdrücke zu gebrauchen. Im Lehrerzimmer traf man ihn in der Frühe nur selten; auf den Schulleiter warteten tagtäglich zahllose Aufgaben, Stapel von Papier, ein unablässig klingelndes Telefon, gerade jetzt, unmittelbar nach dem Einzug.

An diesem Montagmorgen war Hinrich müde, seine Haare hingen ihm in die Stirn und verdeckten halb sein Gesicht, als er sich zu seiner Aktentasche niederbeugte, um ein zerknittertes FDJ-Hemd hervorzukramen.

»Du weißt doch, den Fahnenappell verschieben wir im Herbst und Winter immer um ein, zwei Stunden«, raunte Marianne ihm zu.

Dass die Lichtverhältnisse für Blinde nicht bedeutungslos waren, hatte er erst hier gelernt. Dass es, wenn man nur einen winzigen Sehrest hatte, trotz allem leichter war, im Hellen Tücher zu binden, den Weg nach draußen zu finden, ohne zu stolpern, sich in Blöcken hufeisenförmig aufzustellen, Fahnen zu tragen und zu halten. Dass der kleinste Lichteinfall als Orientierung dienen konnte.

Er schlug sich gegen die blasse Stirn: »Einfach vergessen!« Schlaflosigkeit, Albträume, Nächte ohne Erholung, Aufwachen mit dem Gefühl von Schuld und Schuldigkeit, Befremden sich selbst gegenüber: *Bin ich das wirklich gewesen, der da marschierte, der da funkte ...?* Geschwächt beim Aufstehen, dann endlich Helle, selbst wenn es draußen noch dunkel war, mit dem Wissen um den Tag, um den Sinn des Tages. Er blickte Marianne an: Ob sie ahnte, was in ihm vorging?

»Wir Lehrer brauchen kein FDJ-Hemd zu tragen«, sagte Otto Leingut, Erdkundelehrer und Silvias Vater, unmittelbar nach dem Krieg erblindet, eine Nervengeschichte, die niemand richtig verstand, selbst die Ärzte nicht. Er stützte sich kurz auf Hinrichs Schulter, um besser zur Tür zu gelangen.

»Weiß ich«, erwiderte Hinrich, »aber das Emblem ist toll, die aufgehende Sonne.«

»Ach, Junge«, sagte Otto, »du träumst. Die Russen waren nicht zimperlich mit ihren eigenen Leuten und mit uns werden sie es auch nicht sein.«

Frau Radke aus der Küche, die auf eine kurze Plauderei mit Effi Meister, ihrer Cousine, ins Lehrerzimmer gekommen war, nickte: »Recht haste, Otto.«

»Alles verloren haben sie!«, entgegnete Hinrich heftig.

»Genau, und jetzt wollen sie uns regieren? Wie sollen wir denn da wieder auf die Beine kommen?«

Der kräftige Mann füllte den Türrahmen beinahe aus. Er sagte: »Ich lasse meine Augenoperation in Westberlin machen, die Kliniken sind dort viel besser ausgestattet.«

»Damit hilft er der Wirtschaft hier auch nicht«, sagte Marianne trocken, als Otto draußen war.

Hinrich hing seinen Gedanken nach. Ob Marianne glaubte, er habe das Hemd absichtlich zerknittert, weil er inzwischen Abscheu gegenüber Uniformen empfand? Aber ging es nicht letztlich darum, wofür die jeweilige Uniform stand?

Später strömten alle auf den Schulhof. Die Stimmen der Lehrer schwirrten durcheinander, während sie sich bemühten, den Schülern Plätze zuzuweisen, damit gleichmäßige Blöcke entstanden. Manchmal schob auch Hinrich seine Schüler wortlos an ihre Position, weil es schneller ging.

Marianne hatte sich mit ihrer Klasse in der Nähe des Eingangs aufgestellt. Zwei Jugendlichen am Rand drückte sie mächtige Fahnen in die Hand, platzierte die Stangen in leichter Schräge zwischen ihren Füßen, schloss ihre Finger darum. Die beiden strafften sich. Das Mädchen auf der rechten Seite ließ seine Hand nach oben zum Stoff gleiten, betastete ihn, und als die schwere Fahne umzusinken drohte, umfasste es den Stock mit aller Kraft.

In der Mitte standen Musikanten mit Fanfaren und Trommeln, die nach der Begrüßung: *Seid bereit! – Immer bereit! – Freundschaft! – Freund-schaft!* – ungestüm aufspielten. Marianne atmete tief ein und gab den Chorsängern den Einsatz: Eins, zwei, drei ... *Brüder zur Sonne, zur Freiheit, Brüder zum Lichte empor* ... Wenn die Schüler doch das strahlende Blau und Weiß ihrer Blusen und Hemden sehen könnten!, dachte Hinrich. Laub segelte von den Bäumen herab, verfing sich im Haar des einen oder anderen; kein hilfloses Herumtasten auf dem Kopf, wie Hinrich noch vor einigen Wochen vermutet hätte, nein, das Blatt wurde meist mit einem einzigen Handgriff geschickt entfernt.

Die Schüler brauchten ihre Zeit, um die Berichte über Pioniernachmittage und Kastaniensammeln, über die Laienspielgruppe und den letzten Sportwettkampf zu verlesen. Forschend strichen sie über ihre Aufzeichnungen, verhaspelten sich, stockten und setzten erneut an, doch die Gedichte trugen sie fließend und auswendig vor.

Beim Hineingehen drängte Hinrich sich neben Gustav Weiler und bat ihn um eine Unterredung am frühen Nachmittag.

»Was für eine wunderbare Idee!«, rief Weiler leise aus, als Hinrich ihm von Wolframs Vorschlag erzählte. »Wo, wenn nicht in unserer kleinen Stadt, auf unserem traditionsreichen Funkerberg? So können wir erneut zeigen, dass man die Station friedlich nutzen kann.« Er wiegte den Kopf: »Der Moment ist zwar ungünstig, weil seit August alle Beiträge zur Kontrolle ans Rundfunkkomitee geschickt werden müssen, aber vielleicht bekommen wir für unser kleines Experiment eine

Sondererlaubnis. Ich telefoniere in den nächsten Tagen mit Berlin; fangen Sie ruhig schon einmal an.«

Hinrich nickte, und sie plauderten eine Weile, zwei Männer, die vor zehn Jahren noch Abstand voneinander gehalten hätten. Gustav Weiler hatte beide Weltkriege erlebt. Nun wollten sie gemeinsam verhindern, dass bittere Erfahrungen, wie sie die Kindheit ihrer Schüler geprägt hatten, auch deren weiteres Leben bestimmten.

9

Im Unterricht trugen sie ihre Ideen zusammen: Volkslieder, Schlager und Jazz, gemeinsame Konzerte und Soli, Gedichtrezitationen und Kurzgeschichten, Wettermeldungen, Koch- und Bastel-, Politik- und Geschichtssendungen, und vor allem wollten sie über ihr Leben als Blinde berichten. Damit auf jeden Fall beginnen. Oder doch lieber mit Rock 'n' Roll? Wolfram flüsterte das Wort, das er irgendwo aufgeschnappt hatte. Was das sei? Georg beugte sich zu ihm vor und klopfte mit der flachen Hand auf seinen schmalen, geraden Rücken. Eine völlig neue Musik aus Amerika, erklärte Silvia, etwas ganz Wildes, zum Tanzen, aber nicht wie bei ihren Eltern, brav mit abgezählten Schritten, es gehe dabei auch um … Sie kicherte.

»Nein«, erwiderte Antje entschlossen, »wir erzählen zuerst von uns.«

Wolfram und Antje tippten schon sehr zügig, Silvia, Georg und Fred benötigten dafür mehr Zeit und Geduld. Fred tastete immer wieder über das soeben Geschriebene, um sich der Richtigkeit jedes Kürzels für Wörter oder Silben zu vergewissern. Obwohl er der Langsamste war, mochte auch er nicht darauf verzichten, ihr Programm für die erste Sendung festzuhalten. Hinrich, am Fenster stehend, wurde kaum gebraucht. Er hörte das Geräusch der Punktschriftmaschinen, den trockenen, gedämpften Klang beim Stanzen der Punkte, das Klingeln, kurz bevor eine Zeile endete. Dann wieder Stimmen, Bruchstücke von Sätzen, leise Diskussionen.

Draußen hing Nebel über dem Wald und den wenigen Häusern, ein undurchdringlicher Dunst, der den Blick auf seltsame Weise begrenzte, als würde er darin steckenbleiben. Eine weiche Undurchlässigkeit. Auch einzelne Bäume waren darin verborgen; vielleicht bewegten sich ihre Äste und Zweige in der Dunstglocke. Der Winter in Finnland. Mitten im Wald der Funkwagen, in dem sie Tage und Nächte zugebracht hatten, die Kälte, die unerträglich wurde, wenn man der Enge des Wagens zu entkommen suchte. Später waren sie mitsamt den Geräten in ein leerstehendes Haus mit Bunker umgezogen, aber auch dort froren sie jede Nacht, während sich draußen der Schnee in immer dickeren Schichten auftürmte. Drinnen versagte die Technik, Panik breitete sich aus, denn wie sollte man die für den Kriegsfortgang unentbehrlichen Nachrichten übermitteln? Von keinem Einzigen ihrer Truppe sollte es abhängen, wenn die Deutschen unterlagen, obwohl Hinrich sich genau dies inzwischen manchmal wünschte. Nur aussprechen durfte er es nicht.

»Herr Matuschek?«

Im Raum war es warm, das Heizhaus leistete gute Dienste, trotzdem fröstelte er. Als er sich vom Fenster abwandte, stand Wolfram vor ihm. Noch kindliche Gesichtszüge, glatte Haut mit wenigen Pickeln, und seine Kopfbedeckung erinnerte Hinrich an die der Arbeiter in den zwanziger Jahren. Sein eigener Vater hatte eine ähnliche getragen. Hatte auch Wolfram sie von seinem Vater oder Großvater bekommen?

»Soll ich Ihnen unser Programm erzählen? Oder wollen Sie es selbst lesen?« Den Arm ausgestreckt, deutete Wolfram auf seine Schreibmaschine; im geröteten Gesicht Eifer und Glück, auch Stolz.

Das Ertasten der Punkte war Hinrich anfangs schwergefallen, mittlerweile konnte er die Blindenschrift recht gut lesen. Dennoch winkte er entschieden ab:

»Ich lasse mich überraschen. Probt es nachmittags ein paar Mal durch. Jetzt stellen wir noch einige Regeln auf, damit alles gut klappt.«

10

»Meine Mutter hat sich freigenommen und alle Nachbarn zu uns eingeladen und mein Vater hat im Betrieb seine ganze Brigade eingeweiht. Alle Kollegen werden zusammen am Radio sitzen. Hoffentlich klappt der Empfang in Leipzig«, sagte Georg fröhlich, als sie zum Funkerberg hinaufwanderten. Kein Nebel wie in den letzten Tagen, sondern strahlende Sonne, gleißendes Licht. Einige Schüler blieben stehen und öffneten ihre Jacken, mitten im November.

»Meine Verwandten wollen auch zuhören«, sagte Silvia.

»Kein Wunder«, spottete Fred, »das ist ja praktisch die frühere Arbeitsstelle deines Vaters.«

Dass Otto Leingut die Stelle an der Schule bekommen hatte, war nicht selbstverständlich, aber Hinrich hatte dieselbe Erfahrung gemacht: Wer wirklich neu anfangen wollte, dem legte man keine Steine in den Weg, und er war froh, dass selbst die am Widerstand gegen Hitler beteiligten Kollegen auch ihm ohne Vorbehalte begegneten. Wobei er sich nicht sicher war, wie Silvias Vater zu seiner eigenen Vergangenheit stand.

Bereitwillig und sorgsam hatten die Techniker ein kleines Studio eingerichtet; sie selbst würden vom Sender im Nebenraum aus alle Geräte überwachen und steuern.

Ehrfürchtig betraten die Schüler den Aufnahmeraum, als erreichten sie einen verheißungsvollen Ort am anderen Ende der Welt. Hinrich half dem einen oder anderen über die Schwelle und sah dabei, dass ihre Vorsicht nicht nur von der Fremdheit des Ortes herrührte. Allein Georg schnupperte auffällig in verschiedene Richtungen, murmelte »muffig, ein bisschen staubig«, doch seine Worte verebbten rasch, als niemand antwortete. Leise setzten sie sich auf die eigens für sie an der Wand aufgestellten Stühle.

Die Regeln waren einfach: sich still verhalten, wenn ein anderer spricht, selbst wenn er stockt; nicht essen, trinken oder flüstern, kurz: während der Aufnahme keine Geräusche machen.

»Gleich sind wir auf Sendung«, sagte der Techniker, während er, um den Hals dicke Kopfhörer, seinen dunklen Schopf durch den Türspalt schob. Alle erhoben sich, stellten sich in engem Halbkreis auf und richteten ihre Münder auf das Mikrofon in der Mitte. Als Hinrich flüchtig Wolframs Hand drückte, flüsterte Wolfram: »Ein, zwei, drei.«

Unsere Heimat, das sind nicht nur die Städte und Dörfer,
Unsere Heimat sind auch all die Bäume im Wald.
Unsere Heimat ist das Gras auf der Wiese, das Korn auf dem Feld,
Und die Vögel in der Luft und die Tiere der Erde
Und die Fische im Fluss sind die Heimat.

Hatte Marianne mit ihnen geprobt? Ihr leichter und schwungvoller Gesang, in dem sich hohe und schon tiefere Stimmen mischten, erfüllte den Raum. Ab und an knarrten die Jungenstimmen oder setzten kurz aus, aber das störte nicht, ebenso wenig wie ein paar falsche Töne. Wie hingebungsvoll sie die Zeilen vortrugen! Als wünschten sie sich nichts mehr, als hier in dieser kleinen, ländlichen Stadt zu leben. Hinrich hörte Antjes Stimme heraus; sie klang klarer als die anderen, so wie alles an Antje hell und gerade zu sein schien.

Und wir lieben die Heimat, die schöne
Und wir schützen sie, weil sie dem Volke gehört,
Weil sie unserem Volke gehört.

Meinten sie, was sie sangen? Liebten sie ihre Heimat? Was verstanden sie unter *Volk*? Oder bemühten sie sich einfach um eine schöne Aufnahme?

Er wusste, dass sie und ihre Geschwister mit Getier ihre Spiele trieben, Fröschen Beine ausrissen, Fische fingen und zappeln ließen, manchmal zurück ins Wasser warfen, ein andermal töteten, ganz willkürlich. Er selbst hatte all das als Kind getan. Aber bedeutete dies, dass sie ihre Umgebung nicht liebten? Viele Familien betrieben Landwirtschaft auf ihren Höfen, das Fleisch der Tiere kam auf den Tisch wie Kartoffeln, Blumenkohl und Stachelbeeren. Das würde sich in den LPGs, die man nun nach und nach gründete, nicht ändern.

Fast unhörbares Räuspern und Atmen; die Schüler tasteten sich, von Hinrich unterstützt, auf Zehenspitzen zu ihren Stühlen zurück, während Wolfram und Georg am Mikrofon blieben:

»Wir, die Schüler der Klasse 9b der Blindenschule in W., begrüßen Sie herzlich zu unserer neuen Sendung auf Mittelwelle 603 kHz. Ich heiße Wolfram Ahlzweig. Zuerst wird Georg, unser Klassenclown, Ihnen einen Witz erzählen.«

Ein Blinder und ein Rollstuhlfahrer machen sich für eine Party zurecht. Sagt der Blinde: ›Du siehst gut aus.‹ Sagt der Rollstuhlfahrer: ›Lass uns gehen.‹

»Ich hoffe, Sie haben den Witz verstanden«, übernahm Wolfram wieder. »Natürlich können wir auch über uns selbst lachen, obwohl nicht immer alles lustig für uns ist. Aber, und das möchte ich betonen, es ist wunderbar, dass wir heute diese Sendung machen dürfen. Die meisten von uns sind von Geburt an sehbehindert – und wir wissen sehr gut, dass man noch vor zehn Jahren ganz anders mit uns umgegangen wäre. Jeder aus unserer Klasse erzählt heute etwas aus seinem Alltag, und zum Schluss werde ich ein Interview mit Antje führen. Aber vorher noch einmal Musik:«

Wenn man in der Schule sitzt,
über seinen Büchern schwitzt,
und es lacht der Sonnenschein,
dann möcht man draußen sein.
Ist die Schule endlich aus,
geh'n die Kinder froh nach Haus,
und der kleine Klaus
ruft dem Hänschen hinterher:
Pack die Badehose ein,
nimm dein kleines Schwesterlein
und dann nischt wie raus nach Wannsee!

Sie sangen mit frechem Unterton, einzig Wolfram hielt sich zurück; vielleicht fühlte er sich schon zu reif, um dieses Lied mit Vergnügen zu singen.

>*Woll'n wir heut ins Kino geh'n und uns mal Tom Mix anseh'n?*«
Fragte mich der kleine Fritz, ich sprach: »*Du machst 'n Witz!*
Schau dir mal den Himmel an, blau so weit man sehen kann.
Ich fahre an den Wannsee und pfeife auf Tom Mix.«

Diese Strophe hatte Hinrich ganz und gar vergessen! Er erschrak: Tom Mix, der amerikanische Western-schauspieler ...

Danach blieb Fred am Mikrofon und beschrieb, wie er sich als rennendes Kind immer irgendwo gestoßen, aber bald genau gewusst habe, wo ein Baum, eine Mauer, ein Kochtopf steht, denn dafür gebe es klare Zeichen: ein Blätterrauschen im Wind, ein Hallen, eine leichte Temperaturänderung, ein Klimpern oder Klirren. Silvia sagte, sie lese unheimlich gerne, doch es würden zu wenig Bücher für blinde Jugendliche her-gestellt. Könnte man neben Hörspielen vielleicht auch Hörbücher entwickeln? Georg meinte, dass sein älterer Bruder ihn manchmal austrickse und wohl denke, dass er, Georg, nichts mitbekomme. Einen lieben Gruß an den nicht ganz so schlauen Bruder!

Schließlich stellten sich Wolfram und Antje ans Mikro, so nah nebeneinander, dass Antje flüchtig Wolframs Hand berührte. Wolfram zuckte zusammen, schloss seine Finger zu einer Faust, zog sie energisch an den Körper und räusperte sich drei oder vier Mal, zu oft und zu laut für die Sendung. Etwas geriet aus dem Gleichgewicht. Mit belegter Stimme setzte er zur ersten Frage an: »Jetzt haben wir viel über die schwierigen Seiten gesprochen – welche sind denn die Vorteile des Blindseins?«

Antje sagte: »Nun ja, wir haben keine Furcht in der Dunkelheit ... Und es ist ein großer Vorteil zu wissen, dass die meisten unserer Eltern und Geschwister unsere Tagebücher ganz bestimmt nicht lesen werden.« Es klang, als läge ein Schmunzeln in ihrer Stimme. Im Übrigen könne sie das nicht genau beurteilen, sie könne ja nicht vergleichen, aber vielleicht täusche die Stimme eines Menschen weniger als seine äußere Erscheinung. Und vielleicht sei es manchmal gut, nicht alles sehen zu müssen; wenn sie daran denke, was ihre Eltern schon über tote und ausgemergelte Menschen, im Krieg zerstörte Häuser, böse oder hämische Blicke erzählt hätten ...

Ihre Stimme zitterte kaum merklich. Hinrich glaubte, einen verächtlichen Zug um Wolframs Mund wahrzunehmen. Würde er als Nächstes fragen, ob es zulässig sei, aus der Wirklichkeit zu flüchten?

Unvermittelt dachte Hinrich daran, dass Antje als einzige Schülerin seiner Klasse sowohl der FDJ als auch der Jungen Gemeinde angehörte, was weder ihre Eltern noch sie selbst als Widerspruch zu empfinden schienen.

Doch Wolfram tastete kurz über sein Blatt und fuhr mit den notierten Fragen fort, um einen sachlichen Tonfall bemüht.

Dann war das Interview vorüber, Antje schluckte und strich über ihr Kleid, während Wolfram erleichtert sagte:

»Und zum Abschluss noch einmal unser Georg mit einem Witz.«

»Warum kommen Blinde nicht in die Hölle? Weil der Teufel Angst hat, dass sie ihm auf den Schwanz treten.«

»Und vergessen Sie nicht«, beendete Wolfram die Sendung, »manchmal hören wir etwas, was Sie nicht sehen können.«

11

Wo immer die Schüler auftauchten, ob beim Bäcker, im Konsum, im HO-Geschäft, am Bockwurststand oder einfach nur auf der Straße – man lobte sie und bestärkte sie in ihrem Vorhaben. Die blinden Jugendlichen wurden zum Stolz des Ortes. In der Schule erzählten sie die Geschichten, die sie erlebten.

»Richtige Künstler seid ihr!«, hatte Frau Schmied, die Verkäuferin im Lebensmittelladen, gesagt und Wolfram und Antje wie immer die klingelnde Tür nach draußen aufgehalten.

»Lieb von Ihnen«, erwiderte Antje und atmete einmal tief ein, um Mut zu schöpfen, »aber wir können das alleine, wir wissen schon lange, aus welcher Richtung das Klingeln kommt.«

Frau Schmied war nicht beleidigt, sondern zollte ihnen erstaunt Respekt.

»Wann kommt die nächste Sendung?«, rief sie ihnen hinterher.

»Bald!«, tönte Wolframs Stimme zurück.

Georg, der mit seiner Mutter im Café am Bahnhof eine Limonade trank, sprach der Stammkellner mit schnarrender Bassstimme an: »Das Blindenheim gab es ja früher schon, aber ich wusste trotzdem nicht, wie die Blinden leben.« – »Wie *ihr* lebt«, fügte er verlegen hinzu.

»Ach, wir leben jeder ein bisschen anders«, platzte Georg heraus. Seine Mutter musste sogleich wieder nach Leipzig zurückfahren, wo die Familie des Internatsschülers wohnte. Während sie ihn umarmte,

steckte sie ihm eine Tafel Schokolade in die Jackentasche, die er kaum ertasten musste – es war ein Ritual.

»Keine Sorge, Mutter, wir werden dort gut ver-
pflegt«, verabschiedete Georg sich und ging langsam
die Bahnhofsstraße hinab. Hinter sich, schon ein Stück
entfernt, hörte er die Stimme des Kellners:

»Ein Kind, das nicht sehen kann, ist immer ein
Grund zur Sorge, nicht wahr? Aber als ich die Sen-
dung hörte, habe ich verstanden, dass diese jungen
Menschen ihren Weg machen werden.«

»In Leipzig gab es kaum Empfang«, sagte die Mutter
»wir konnten leider nur Bruchstücke hören.«

»Es geht ihnen gut an der Schule, fahren Sie leichten
Herzens nach Hause.«

Aufgewühlt eilte Georg zurück zum Café und sagte
zu seiner Mutter:»Ich werde dafür sorgen, dass du und
Papa die nächste Sendung hören könnt.«

Dann nahm er die Schokolade aus der Jackentasche
und biss hinein, und die Mutter lachte.

Das Haus, in dem Marianne zur Untermiete wohnte,
befand sich mit wenigen anderen Häusern am äußers-
ten Stadtrand zwischen Wald und Feldern, in einer
beinahe dörflichen Stille. Nur das Pfeifen und Tuckern
der nahen Eisenbahnen ertönte tagsüber häufig.

»So schön gesungen haben sie«, schwärmte Marianne und goss Kräuterlikör in zwei kleine Gläser. Zum
ersten Mal besuchte Hinrich sie am Abend, in ihrem
winzigen Zimmer unterm Dach, das von Mitbringseln
aus Mexiko übersät war. Er betrachtete vielfarbige
Teller, grellbunte Fabelwesen aus Pappmaché und über

dem grauen Sofa einen Wandteppich, der eine fröhliche Alltagsszene zeigte: einen Fluss, darauf Fischer, in ihren Händen übergroße blaugraue Fische mit riesigen Mäulern. Sie glänzten im orangen Sonnenlicht. Am Ufer mehrere Frauen, aufgeschnittene Apfelsinen auf einem Tuch, Kinder, die zum Fluss hinabrannten.

Hinrich setzte sich aufs Sofa.

»Ich hätte dir lieber Tequila serviert«, sagte Marianne, »aber der hier war leichter zu besorgen.« Sie hob die Flasche und schwenkte sie kurz durch die Luft.

»Den Likör von hier mag ich gern«, entgegnete Hinrich verlegen und beugte sich vor, um mit Marianne anzustoßen. Sie legte eine Schallplatte auf, etwas Klassisches, er kannte sich zwar nicht damit aus, doch die sachten, beschwingten Geigentöne gefielen ihm.

Es klopfte energisch an der Tür. Die Vermieterin tippte hörbar auf ihre Uhr und erklärte Marianne, dass ihr Herrenbesuch zu gehen habe. Marianne stritt mit ihr, sagte nachdrücklich, Hinrich wohne zu weit entfernt, um heute noch nach Hause zu gelangen, bis die Vermieterin schließlich nachgab.

»Mir ist gestern etwas Merkwürdiges passiert«, sagte Marianne, als sie zurückkam und sich neben ihn setzte. »Am Anfang der Straße, die zum Funkerberg führt, kam mir ein Rollstuhlfahrer mit Beinstümpfen entgegen. Als ich ihm Platz machen wollte, fuhr er geradewegs auf mich zu.

›Sie sind doch Lehrerin an der Blindenschule‹, sagte er. ›Wer hat den Jugendlichen eigentlich erlaubt, solche dummen Witze zu machen?‹

Er spuckte vor mir aus und rief: ›Wissen Sie, wie schwer es war, dieses Gerät zu bekommen? Und da macht sich der Junge über uns Kriegsversehrte lustig?‹«

Nur allmählich begriff Hinrich. Er sah Georg vor sich, seinen unruhigen Körper und wie er sich bemühte, den Witz an den richtigen Stellen zu betonen; er selbst hatte sich zusammenreißen müssen, um nicht loszulachen.

»Das kann er doch nicht ernst meinen.«

Mattes Licht im Zimmer, Marianne wiegte den Kopf, legte ihn in den Nacken und blickte durchs Dachfenster. Auch Hinrich sah den schwarzen, sternlosen Himmelsausschnitt.

»Er war wütend und unzufrieden. Viele Menschen sind empfindlich, wenn sie in Umstände geworfen werden, die sie tagtäglich einschränken. Ich kenne sein Leben nicht, er war jung, kaum älter als du und ich.«

»Erinnerst du dich, ob er eine längliche, gut sichtbare Narbe am Kinn hatte und schmale dunkle Augen?«, fragte Hinrich interessiert.

Marianne nickte erstaunt und goss nach.

»Er war wenige Klassen über uns. Die Narbe stammt von einer Schulhofrangelei.«

Marianne schwieg, ehe sie sagte: »Gehen wir noch aus – nach Berlin oder in eine Kneipe hier in der Gegend?«

Abendliche Kühle schlug ihnen draußen entgegen; ihre Gesichter röteten sich. Die Landschaft strahlte eine große Ruhe aus, und während sie die holprige, doch schnurgerade und menschenleere Straße entlangliefen, redeten sie weiter über die Schule, über ihre Herkunft und darüber, was sie sich für die Zukunft wünschten. Hinrich sagte, von einem solchen Radioprojekt, bei dem seine Interessen zusammenfließen, habe er schon länger geträumt. Er sei sehr stolz auf seine Schüler, und Marianne, die sich wie selbstverständlich bei ihm eingehängt hatte, flüsterte ihm zu, sie habe ihm ein bisschen dabei geholfen, aber nur – sie hob ihren Mund ganz nah an sein Ohr – weil die Schüler sie darum gebeten hätten. Sie seien freilich auch ohne ihre Unterstützung fabelhafte Sänger. Gut gelaunt und schon ein wenig angetrunken kamen sie in der Kneipe an, die um diese Uhrzeit noch erstaunlich voll war. Marianne wurde wie eine Vertraute begrüßt.

»Guten Abend, Frau Lehrerin«, sagte der Wirt hinter der Theke und neigte ihr seinen Kopf zu.

»Zwei Bier, zwei Wodka und einmal Musik bitte«, bestellte Marianne. Der Wirt musterte Hinrich, der ihm daraufhin die Hand gab und sich mit »auch Lehrer« vorstellte.

»So ganz ohne ist das mit dem Radio aber nicht … Wenn alle hören können, was Ihre Halbwüchsigen von sich geben«, sagte der Wirt, als er die Getränke vor ihnen abstellte. Hinrich hob die Brauen: Was meinte er damit? Doch Marianne winkte ab: »Prost!«

Der Wirt verschwand wieder. Als eine Viertelstunde später Musik aus der Box erklang, eine langsame Jazzmelodie, hatten die meisten Gäste das Lokal verlassen und Marianne erzählte gerade von einem neuen Buch von Anna Seghers, auf das sie gespannt sei: »Es interessiert mich, was sie jetzt, zurück in Deutschland, beschäftigt.« Im Auf und Ab ihrer Stimmen hätten sie beinahe die zurückhaltende Melodie überhört, aber Marianne, feine Ohren und häufig zu Gast hier, hielt im Sprechen inne, sprang auf und zog Hinrich in die Mitte des Cafés. Er gab nach, überrascht von sich selbst. Während der Wirt mit nachdenklichem Blick rauchte, tanzten sie Wange an Wange über den rauen, unebenen Holzboden. So leicht hatte Hinrich sich lange nicht mehr gefühlt.

12

Auf Mariannes schmalem Sofa schliefen sie eng bei-
einander. Als er verschwitzt aufschrak, war ihm sein
Traum näher als Mariannes Zimmer, das ihm im
Dunklen vollkommen fremd erschien. Er stieg eine
halbe Treppe tiefer zur Toilette, und während er sein
Gesicht kühlte, zitterten seine Hände.

Sein Schulkamerad, eine harmlose Rangelei. Er
hatte ihn gegen die Schulter geschlagen, dabei war
der andere gestürzt und trug eine kleine Narbe davon.
Im Traum waren sie zusammen in einem riesigen
grauen, mit Gerätschaften, Waffen, Lazarettbetten
ausgestatteten Funkwagen, in dem hektisches Treiben
herrscht. Hinrich kommt nicht durch zur Funkanlage,
immer schiebt sich etwas oder jemand dazwischen,
ein Kabel, ein Rad, ein Verletzter. Der Schulfreund,
klobig, einem Roboter ähnlich, ruft: Wir müssen von
draußen funken!, seine Worte undeutlich und kaum
zu verstehen, weil Bombeneinschläge alles übertönen,
der Wagen zu schwanken scheint. Ich muss raus, denkt
Hinrich und ruft: Geh du! Der Schulfreund zögert,
drängelt sich schließlich zur Tür und stürmt hinaus,
einen viel zu kleinen Funkapparat in der Hand; der
Wagen verwandelt sich in einen Bunker, draußen
schlagen weiter Bomben ein …

Kein Fenster außer dem schrägen über der Couch,
durch das silbriges Mondlicht fiel. Marianne atmete
leise und regelmäßig. Auf dem Tisch die angefangene
Flasche Likör und Gläser, ihre Kleider im Sessel und auf
dem Boden; er zog seinen Pullover über. Die Enge des

Zimmers nahm ihm die Luft, doch da er diese Nacht nicht von Marianne getrennt verbringen wollte, lief er behutsam auf und ab, bis sein Atem ruhiger wurde.

Wie hatte alles angefangen? Mit seinem Wunsch, dem Vater nah zu sein? Er hätte alles gegeben, um ihn von seinem Schweigen und dem stumpfen Gleichmut zu erlösen.

Für sein selbstgebasteltes Funkgerät hatte er damals, als Junge, ein meisterhaftes Versteck gefunden, gleich neben der Eingangstür, wo alle Schuhpaare standen, auch eines vom Vater, das er selten anzog. Darin verbarg Hinrich sein Spielzeug, schob es mühelos in das braune Leder, ein dunkles Taschentuch davor, und legte die Schnürsenkel über die hervorlugenden Bänder des Kästchens. Der einzig richtige Platz für sein Funkgerät. Jedes Mal, wenn er die Schuhe berührte, spürte er eine stille, unantastbare Verbindung zum Vater, die ihn mit Stolz erfüllte. Sollten sie ihn doch verspotten! Helden wie sein Vater bettelten nicht, wenn man sie einsperrte oder ihnen verbot zu arbeiten, sondern kämpften insgeheim weiter für ihre Sache.

Aber der Vater hatte ihn kaum beachtet. Bis Hinrich irgendwann zufällig Fritz kennenlernte, einen Arbeiter, der ihm von den Volksempfängern vorschwärmte und ihn mit in seine Firma nahm. Freiwillige, unbezahlte Arbeitskräfte waren sehr willkommen – und endlich interessierte sich auch der Vater für ihn, wenngleich auf andere Weise als von Hinrich erhofft.

Draußen erwachten die Tiere in den Ställen. Hinrich hörte fernes Muhen und Blöken, dann einen

Fahrraddynamo, dessen Brummen rasch verhallte. Erst später hatte ihn interessiert, wie die Technik tatsächlich funktionierte, alles wollte er wissen, jedes Detail, jeden Zusammenhang. Die Nachrichtentruppe: endlich eine Gelegenheit, sein Wissen anzuwenden, ihre Möglichkeiten in der Wirklichkeit auszuschöpfen, zu erleben, wie verschlüsselte Nachrichten ankommen, verstanden werden und eine Erwiderung finden, irgendwo in einer noch nie bereisten Ferne. Doch dann war es umgekehrt: Man schickte seine Truppe in den hohen Norden, in die finnischen Wälder, nachdem die Regierung Finnlands sich mit dem Deutschen Reich verbündet hatte. Erst Funkwagen, dann Baracke mit Bunker; mit jedem Tag spürte er stärker, wie einzig und allein ihr eigener Fanatismus die Kameraden antrieb. Je aussichtsloser die militärische Lage für sie wurde, desto erregter, ungezügelter und kompromissloser klammerten sie sich an ihre Phantasien vom Endsieg.

Um die Versorgung stand es schlecht. Aus ihren mageren Körpern tönten die Kampflieder schrill in den Wald und Hysterie breitete sich aus, sobald die Technik versagte. Während Hinrich versuchte, sich auf die Reparaturen zu konzentrieren, ertappte er sich bei dem Gedanken, Knöpfe zu verstellen, Kabel absichtlich falsch zu legen oder nicht zu verbinden. Längst war seine Begeisterung für die Technik abgelöst worden vom Schrecken darüber, was für Nachrichten er zu versenden hatte: Befehle zur Auslöschung von Dörfern, zum Halten von Stellungen, die nicht mehr zu verteidigen waren. Nur zu gern hätte er jetzt den Ungeschickten gespielt. Aber der Preis war zu hoch.

Seine Furcht überwältigte ihn ein ums andre Mal, wusste man doch um seine und Alberts Fähigkeiten. Albert. Als Hinrich sich hektisch Kräuterlikör einschenkte, wurde Marianne wach und blinzelte ihn an; er beugte sich zu ihr und strich über ihr Gesicht, bis sie wieder einschlief.

Albert, der Zartbesaitete, der Hochbegabte, der immer eine Lösung fand. Hellblond, gelenkig, musikalisch, ideenreich. Flüsterte Hinrich eines Abends zu: »Ich kann das Geschwätz im Radio nicht mehr hören.« Zwei Tage später kehrte er von der Abholung der Lebensmittel zurück und sagte: »Der Wald ist voller Toter.« Kurz darauf fing es an: Die Übertragungen klappten nicht mehr, obgleich der Schnee geschmolzen war; wegen schwacher, falscher oder gänzlich fehlender Signale schöpfte man Verdacht, dass einer von ihnen das Funken boykottierte.

Das Standgericht verurteilte Albert unter beifälligem Gemurmel zum Tod durch Erschießen. Mildes Frühlingslicht fiel schräg in den Mischwald; jedes einzelne zartgrüne Eichenblatt sah Hinrich noch vor sich. Die Kameraden und er standen im Halbkreis und richteten das geladene Gewehr auf Albert – auf sein Herz, wie befohlen. Hinrichs Arm zitterte. Dann drückte er ab.

Die Morgendämmerung war vorüber und Hinrich atmete auf, als die farbenfrohen Gegenstände um ihn herum aus dem Schatten tauchten. Er nahm Mariannes Schlüssel aus ihrer Manteltasche, ein buntes Einkaufsnetz, das daneben hing, und schlich durch die Zimmertür, die Wendeltreppe hinab, an der Wohnung der Vermieterin vorbei auf die Straße. Bis zum nächsten Bäcker war es nicht weit; den Duft der Brötchen roch er auf zehn Meter Entfernung.

Marianne stand unschlüssig im Zimmer und lächelte erst, als er das Netz mit den Brötchen schwenkte und den Schlüssel auf ihren schmalen Schreibtisch warf. Sie trug ein grünes Kleid aus grobem Wollstoff, das zum Farbton ihrer Augen passte, und ihre Haare standen auch heute wieder zu beiden Seiten ab. Noch ehe sie auf der einzigen Herdplatte das Wasser für den Kaffee erhitzte, legte sie eine Schallplatte auf.

»Oder lieber Radio?«, fragte sie.

»Morgen oder übermorgen«, erwiderte Hinrich, als sei er bereits bei ihr eingezogen. Zum Glück hatte sie von seinem nächtlichen Wachsein nichts mitbekommen. Musik, Musik, Musik. Hinrich merkte, wie sich Frohsinn in ihm ausbreitete, Lebendigkeit, Elan; er tänzelte auf Marianne zu, küsste sie auf den Hals, während sie schon von der Schule redete. Sie drehte sich um und umarmte ihn fest.

»Wie unsere jugendlichen Schüler«, lachte sie ihm ins Gesicht, »wie Wolfram und Antje aus deiner Klasse. Fassen sich immer an, wenn sie glauben, niemand sei in der Nähe. Aber sie hören alles, schrecken sofort auf und lösen sich voneinander, wenn sie Schritte vernehmen. Ihre Vorsicht zerreißt mir das Herz.«

Sie frühstückten rasch. Der kleine braune Ofen, in den Marianne am Abend zuvor trockene Holzscheite geworfen hatte, war kühl. Sie tranken den heißen schwarzen Kaffee aus, zogen ihre Mäntel über und brachen auf.

13

Schnee fiel in feinen Flocken vom schmutzigweißen Himmel. Um den Stamm des beinahe kahlen Baums vorm Fenster des Direktorenbüros sammelten sich welke Blätter in kleinen Haufen. Gustav Weiler war in Gesellschaft eines hochgewachsenen Mannes mit graumeliertem Schnauzbart, der sich als Herr Jahn – Freds Vater – vorstellte und dessen fortwährendes Räuspern Hinrich nervös machte.

Weiler drückte sich gegen den mit Papieren übersäten Schreibtisch. Hinrich blickte hinaus. Er wäre gern aus dem Zimmer geflüchtet, um wie als Kind die Flocken aus der Nähe zu beobachten, zu verfolgen, wie sie zu einer glatten, glitzernden Schicht wuchsen, doch im selben Moment forderte Jahn die beiden Männer auf, sich an den quadratischen Tisch in der Zimmermitte zu setzen.

»Das Rundfunkkomitee und das Politbüro in Berlin sind erschüttert! Wie konnten Sie sich über ihre Beschlüsse hinwegsetzen? Sie hätten eine endgültige Antwort abwarten müssen«, sagte Jahn und wandte sich sogleich an Hinrich:

»Sie sind Kandidat der SED, Herr Matuschek?«

»Ja, natürlich.«

»Nun, so selbstverständlich ist das nicht«, erwiderte Jahn, mit Blick auf den Direktor.

»Für mich schon«, sagte Hinrich, »aber es sollte eine eigene Entscheidung bleiben.«

Jahn musterte Hinrichs Gesicht, Hals und Schultern.

»Dennoch lassen Sie es zu, dass Ihre Schüler einen Antifaschisten beleidigen?«

»Mit Verlaub, das konnten die Kinder doch nicht wissen«, entgegnete Weiler in festem Tonfall, trat einen Schritt vor und hob beide Arme.

»Sie haben niemanden beleidigt«, sagte Hinrich, »was reden Sie da.«

Jahn sprang auf, ging zügig zum Fenster, verharrte einen Augenblick händeringend in Schweigen, den Blick in die Ferne gerichtet, ehe er sich umwandte, den Rücken durchdrückte, unbeholfen über seinen Anzug strich und mit kräftiger Stimme sagte:

»Meine Frau und ich wurden gefoltert, und Herr Bukow hat im Spanienkrieg beide Beine verloren.«

Bukow – jetzt erinnerte Hinrich sich an den Familiennamen seines Schulkameraden. Da war ein Schimmer in Jahns Augen, von dem Hinrich mulmig zumute wurde, als wäre er an der Folter beteiligt gewesen; er sah den oft stillen, langsamen Fred vor sich, wie er sich mühte, die Buchstaben aneinanderzureihen, seine geisterhafte Überzeugung, man könne destilliertes Wasser riechen.

Zögernd gab er nach: »Ich bespreche das mit den Schülern.«

Im runden Gesicht des Direktors zeichnete sich Unmut ab, doch er sagte freundlich:

»Sie wissen, dass auch ich im Gefängnis saß. Es gibt kaum Worte für das große Leid, das Ihnen – das uns beiden –, widerfahren ist. Wir tun alles dafür, dass Fred ein froher Junge ist und sich gut entwickeln kann.«

Jahn sah ihn unbewegt an, bis der Direktor tief einatmete und fortfuhr: »Aber so ein Witz muss doch möglich sein.«

»Dass man sich über die Opfer des Faschismus nicht lustig macht, müssen diese Jugendlichen frühzeitig begreifen. Meinem Jungen habe ich das inzwischen klargemacht«, erwiderte Jahn. Bemüht, aufrecht zu sitzen, presste er die Finger sonderbar um die Tischkante.

Die Flocken fielen nun dichter, wirbelten leicht im Wind, blieben auf den graubraunen Ästen und Zweigen des Ahorns vor dem Fenster liegen. Weiler fragte, ob er noch einmal Kaffee aus der Küche holen solle. Erst jetzt sah Hinrich die kleine, unauffällige, gegen eine Lampe gelehnte Postkarte zwischen den Papierbergen auf dem Schreibtisch, ein Porträt, lange Nase, gewaltige Lockenperücke, Hals und Schultern bedeckende Kleidung. Aus welchem Jahrhundert? Er erinnerte sich vage, dieses Gesicht schon einmal gesehen zu haben, in einem Buch, das er aus dem schmalen Regal seines Vaters gezogen hatte. Leibniz. Jahn winkte ab, keinen Kaffee mehr, doch fertig seien sie noch nicht, denn es sei keineswegs zu tolerieren, dass die amerikanische Lebensweise verherrlicht werde. Ein Schlager über Müßiggang und Hollywoodstars, der in höchstem Maße die Erziehung junger Menschen gefährde! Aber noch viel tadelnswerter und schädlicher für den Aufbau des Sozialismus sei der undurchsichtige Satz des seltsam altklugen und überheblichen Moderators gewesen. Wolfram Ahlzweig – von dem erzähle Fred gelegentlich. *Manchmal hören wir etwas, was Sie nicht sehen können.* Wolle er damit etwa andeuten, dass die

Schulklasse mehr wüsste als die Parteiführung? Wenn er übersinnliche Kräfte habe, könne er sich gerne einer amerikanischen Kirchengemeinde anschließen, aber hier in diesem Land sei er dann fehl am Platz.

Weiler, sonst ruhig und bedachtsam, schlug mit der Faust auf den Tisch, sodass Jahn erschrocken seine Finger von der Kante löste.

»Können Sie sich keine andere Deutung dieses Satzes denken? Ihr Sohn ...«

»Mein Sohn hätte so etwas nicht gesagt. Bitte erziehen Sie die Schüler entsprechend den Maßgaben unserer Partei.«

Jahn, der rasch die Fassung wiedererlangt hatte, sprach gleichmütig und kühl. Vergeblich suchte Hinrich nach Worten, überlegte, wie er ihm seine Befürchtungen nehmen könnte, denn nur damit, mit einer unbeherrschbaren Angst, ließen sich seine absurden Sätze erklären. Sollte er Fred loben? Oder bekräftigen, wie wichtig ihm der Parteibeitritt war und wie sehr er sich wünschte, dass alle antifaschistischen Kräfte an einem Strang zögen?

Freds Vater erhob sich: »Sie warten auf Anweisungen aus Berlin. Gefährden Sie Ihre Kandidatur nicht.« Er gab Hinrich und Weiler nacheinander die Hand, mit kurzem starkem Druck, einem Signal gleich, das wie ein winziger Stromstoß durch den Körper fährt.

Als er hinter dem Fenster auftauchte, sahen die beiden Männer ihm sprachlos nach, seiner kleiner werdenden, sich ungerührt durch den Schneewirbel kämpfenden Gestalt.

14

Hinrich wohnte unweit des hübschen Kanals, an dessen Ufern Sträucher und Bäume mit ausladenden Kronen wuchsen, sodass man im Frühjahr und Sommer wie unter einem Dach spazierte. An manchen Tagen fielen Lichtflecken auf die Wege zu beiden Seiten. Jetzt im Dezember waren die Bäume kahl, hohes Schilf bewegte sich sanft am Ufer und die vom geschmolzenen Schnee schlammige Erde schmatzte unter Hinrichs Schritten.

Schwarzgrau spiegelten sich die Stämme und Äste im Kanal, der ersten schiffbaren Wasserstraße der Gegend. Früher, als es noch kein ausgebautes Eisenbahnnetz gab, hatte man darauf Baustoffe, auch Fabrikate der Ziegeleien, nach Berlin transportiert, ein Stück stadtauswärts später einen kleinen Industriehafen gebaut, der inzwischen als Umschlagplatz zwischen Schienen und Wasser diente.

Hinrichs Eltern lebten noch in dem alten Mietshaus, in dem er aufgewachsen war und das zu einer Reihe niedriger, abgenutzter, von Bombenabwürfen verschonter Blöcke gehörte. Obwohl der Weg nicht weit war, besuchte er die Eltern selten.

»Mein Junge«, sagte die Mutter freudig, und während sie ihn an sich drückte, blickte er über ihre Schulter hinweg in die kleine, düstere Wohnung, die wie immer nach Tabakrauch roch.

Der Vater saß am Radio in der Wohnstube, hustete, sog an der Zigarette, hustete erneut; er trug ein dickes blaugraues Hemd über seinem runden Bauch.

Es war später Nachmittag. Die Mutter hatte gebacken, obgleich sie gerade erst von der Arbeit in der Ziegelei, seit einigen Jahren ein Volkseigener Betrieb, zurückgekommen sein musste. Täglich legte sie den weiten Weg zur einzigen verbliebenen Ziegelei der Gegend zurück, meist auf Umwegen mit der S-Bahn über Berlin. Im Sommer stand sie manchmal im Morgengrauen auf, um mit dem Rad zu fahren.

»Schon fast Abendbrotzeit«, sagte sie halb vorwurfsvoll, halb belustigt, und stellte mit feierlicher Miene den nach Äpfeln und Zimt duftenden Kuchen auf die bestickte Tischdecke, dieselbe wie beim letzten Besuch. Im dumpfen Licht der Stubenlampe sah Hinrich Risse, Schwellungen, Verfärbungen an ihren Händen – Spuren der Arbeit. Die meisten Möbel befanden sich am selben Platz wie in seiner Kindheit, manche waren gegen neue, unbeschädigte ausgetauscht worden. Einige Stühle am Esstisch hatten grün geblümte Bezüge bekommen. Vor dem Fenster hingen die alten, vom Rauch gelblich gefärbten Gardinen.

Widerwillig löste sich der Vater von seiner Sendung, der aufgeregten Stimme des Reporters, ließ sich träge am Tisch nieder und breitete seine Arme darauf aus.

»Er hört nicht mehr oft Radio«, flüsterte die Mutter, »nur wenn Sport übertragen wird.«

Schon lange lebten die Eltern hier zu zweit. Ihre Haare waren vollständig ergraut.

»Hast Radio gemacht mit deinen Schülern«, sagte der Vater, ohne dass sein Tonfall verriet, ob es ihn etwas anging, berührte, tatsächlich interessierte.

»So selbstverständlich ist das heute«, fügte er hinzu. In seiner Stimme nun Bedauern, gepaart mit leisem Stolz. Wie schwierig es damals gewesen war! Aber er hatte zu den ersten Rundfunkhörern im Land gezählt! Mit einer heftigen Bewegung schwang der Vater den Kopf in den Nacken und kippte den letzten Schluck Kaffee hinunter.

Hinrich glaubte im Gesicht der Mutter noch einmal die Jahre vorüberziehen zu sehen.

Sie hatte sich so sehr ein zweites Kind gewünscht, doch es klappte nicht. Die Wortkargheit des Vaters, später ihre Wortgefechte, weil er seine politischen Aktivitäten, nach 1933 illegal, nicht aufgeben wollte. Mutters unablässige Sorge um ihn.

Dann der nächste Krieg, in den er unfreiwillig zog, kurze, oft von belastenden Gedanken durchdrungene Heimaturlaube.

Schließlich Hinrichs Entscheidung, zur Nachrichtentruppe zu gehen, die nach all den politischen Auseinandersetzungen einen Keil zwischen ihn und den Vater trieb.

Beide Männer auch dann noch im Krieg, als jeder und alles mobilisiert werden sollte. Mit kühnem Schriftzug trug die Mutter ihren Namen in die Liste der Spenden für die Luftschutz-Apotheken ein, bei der Spendenart: *nichts*.

Jetzt wirkte der Vater gleichmütig, nicht unzufrieden, eher versöhnt, aber auch entkräftet. Beiden Eltern hatten sich die jahrelangen Kämpfe ums Überleben eingebrannt.

Er deutete das Gespräch mit Jahn an, die Vorwürfe und Reglementierungen.

»Wortklauberei«, winkte der Vater missmutig ab. »Du stehst doch jetzt auf der richtigen Seite, das wird er verstehen. Nehmt beim nächsten Mal einfach andere Themen und schickt das Material zur Kontrolle nach Berlin. Die werden es schon absegnen.«

»In den Betrieben gibt es inzwischen den Fünfjahresplan«, sagte die Mutter, »völlig überflüssig, weil wir ohnehin immer unser Bestes geben. Aber viele Arbeiter sind verärgert, weil sie für so wenig Geld schuften müssen.« Sie hatte abgenommen und schlang den Kuchen hinunter, als habe sie den ganzen Tag nichts gegessen. Der Vater, der jetzt im VEB Schwermaschinenbau *Heinrich Rau* arbeitete, einem Werk, das in den letzten Jahren mehrmals seinen Namen gewechselt hatte, pflichtete ihr bei: »Uns ist doch klar, dass unsere Ziegelsteine und Maschinenteile überall gebraucht werden, mehr denn je.«

Im Hausflur trampelten Kinder die Treppe hinauf, spielten schreiend Fangen, bis die jugendliche Stimme ihrer Mutter sie zur Rücksicht gegenüber den Nachbarn mahnte.

»Die kommen manchmal am Wochenende zu uns, dann spielen wir Karten mit ihnen. Ein bisschen Leben in der Bude«, lächelte die Mutter und musterte Hinrich.

»Dass du so einen tollen Beruf hast, macht uns wirklich stolz.«

Hinrich legte seine Hand auf die knochige, früher so runde und kräftige Schulter der Mutter; der Kuchen war zur Hälfte aufgegessen.

»Ich gebe dir den Rest mit«, sagte die Mutter, »du hast doch keinen Backofen und keine Frau.«

Gemeinsam räumten sie das Geschirr in die Küche, ehe Hinrich den Abwasch machte. Als er sich schließlich verabschieden wollte, war die Mutter, eine Wolldecke über dem Leib, auf der Couch eingeschlafen. Der Vater unterbrach seine Zeitungslektüre, aschte und ging zum Bücherregal, das an derselben Wand stand wie vor zwanzig Jahren. Links davon eine neue Glasvitrine mit Porzellanfiguren aus der Vorkriegszeit, rechts der mahagonifarbene Schrank, den Hinrich seit Langem kannte und noch nie geöffnet hatte. Die Möbel glänzten frisch poliert.

Der Vater zog ein Buch hervor, dünn und mit weichem Einband wie ein Heft, wendete es ein paar Mal in seiner Hand und hielt es ihm verlegen hin. Bertolt Brecht. Drei Titel, einer davon *Radiotheorie*. Hinrich vertiefte sich so sehr in die Betrachtung, dass er erschrak, als der Vater beiläufig einen kleinen Holzkasten darauf legte, ein Kinderspielzeug, an dem ein paar schwarze Schnüre hingen und das Hinrich winzig vorkam und unwirklich, aus einer fernen, einer anderen Zeit stammend. Er lächelte, von plötzlicher Freude erfüllt.

15

Als Hinrich seinen Schülern mitteilte, dass ihre Sendung ausgesetzt werde, wollten sie natürlich den Grund dafür wissen. Hinrich zauderte, druckste herum, dann gab er ihnen ein paar Erklärungen. Sofort protestierten sie, entschieden und vehement. »Hat der keinen Humor?«, rief Georg entrüstet und hielt sich die Hand vor den Mund, als er begriff, dass er gerade über den Vater seines Freundes sprach. Fred sah unglücklich, nervös und tief verunsichert aus, doch er schwieg und biss sich auf die Lippen. Hinrich konnte sein Zerrissensein nur erahnen.

Die Schüler diskutierten und stritten; Antje war dafür, Rücksicht zu nehmen, Wolfram dagegen. Auch ohne Sehkraft blitzten sie sich wütend an – ihre zarten Berührungen schienen fern und unvorstellbar. »Dann müssten wir auch gegen unsere eigene Sendung vorgehen«, sagte Wolfram, »schließlich haben wir uns selbst beleidigt. Die Geschichte mit dem Rollstuhlfahrer ist doch vorgeschoben.«

Antje widersprach: »Menschen, die so viel gelitten haben, verdienen besonderen Respekt.«

Als die Jugendlichen begannen durcheinanderzureden, Georg aufsprang, um Silvia, die Freds Vater einen Idiotenheini nannte, vom Stuhl zu ziehen, rief Hinrich: »Schluss! Ich rede noch einmal mit Herrn Weiler – und dann sehen wir weiter.«

Weiler stand dem Fenster zugewandt, die Hände auf dem Rücken verschränkt, und rührte sich kaum, während Hinrich sprach. Dann drehte er sich – eine untypische Bewegung – ruckartig um: »Wir warten nicht ab. Besprechen Sie mit den Schülern den Inhalt der nächsten Sendung und wählen Sie vorübergehend unverfängliche Themen. Ich bin mir sicher, den Schülern fällt etwas ein – sie sollen vor allem die Freude nicht verlieren.«

Als Hinrich dazu ansetzte, leise Zweifel zu äußern, fuhr Weiler mit der Hand durch die Luft: »Ich gehe davon aus, dass Fred seinem Vater nichts verschweigen wird. Also beeilen Sie sich. Ich übernehme die Verantwortung.«

Eine dichte und feste Schneeschicht bedeckte Wiesen und Wege, Bäume und Dächer, als sie am 22. Dezember wieder zum Funkerberg wanderten. Auf dem Kanal trieben kleine weiße und graue Eisschollen.

Den Tag hatte Hinrich ausgewählt, den Schülern von dem Weihnachtskonzert 1920 erzählt, von dem ergreifenden Gesang *Stille Nacht, heilige Nacht*, der Geige und dem Harmonium, von der einfachen Telefonsprechkapsel, mit der die Musik übertragen worden war – und dabei an die spröde Hand des Vaters gedacht, mit der dieser den Holzkasten behutsam auf das Buch gelegt hatte.

Am Morgen hatten sie die Sendung entworfen.

»Sie vertrauen uns nicht mehr.«

Wolfram stieß mit dem Fuß gegen die Schulbank, als Hinrich sagte, dass sie den Inhalt gemeinsam festlegen würden.

»Doch«, erwiderte Hinrich nachdrücklich und hätte gerne hinzugefügt: »Euch schon.« Stattdessen sagte er knapp: »Es ist zu eurem Schutz.«

Als Fred schlagartig begriff, dass sein Vater als Bedrohung galt, sagte er: »Zu Hause ist er nicht so streng. Bevor wir sonntags zu Mutters Grab gehen, reden wir immer lange, und oft lacht er, wenn ich Geschichten erzähle.«

Stille trat ein, ehe Hinrich anwies: »Zuerst entschuldigt ihr euch. Für die scheinbare Beleidigung.«

Wolfram schob seine Mütze rhythmisch vor und zurück. Gerade noch voller Elan, saß er ungläubig und fassungslos da und schien mit sich zu kämpfen, ob er dagegen protestieren sollte, bis Silvia schließlich sagte: »Und danach? Musik? Damit kann man wenig falsch machen, oder?«

»Mit allem kann man etwas falsch machen«, sagte Wolfram. »Schon ein harmloses Lied wie *Pack die Badehose ein* ist ja anscheinend nicht genehm. Denkt mal an einen Schlager wie *Im Hafen von Adano*.«

Er nahm seine Mütze ab, rollte sie zu einem fiktiven Mikro zusammen und strich mit der anderen Hand sein Haar mehrmals nach hinten. Mit hoher Stimme und rollendem R trällerte Wolfram pathetisch die erste Strophe.

»Mein Vater hat mir beschrieben, wie René Carol aussieht, glattes, nach hinten gekämmtes Haar, und seine Stimme ist so schmalzig ...« Alle kicherten. »Mein Vater erzählte auch, dass Adano ein fiktiver Ort in einem antifaschistischen Roman ist. Trotzdem könnte jemand bemängeln, dass er von einem

Amerikaner geschrieben wurde und dass die positive Hauptfigur ebenfalls Amerikaner ist. Oder man fragt uns womöglich, ob wir von dem Küstenort träumen, von Meergeruch, Lachsessen und Sonne auf der Haut, anstatt hier mitzuhelfen, den Sozialismus aufzubauen, und dann müsste ich entgegnen: Aber nein, Sie hören doch am Ende, dass dem Mädchen im Hafen von Adano *die Welt so leer* ist ...«

»Also Musik ohne Text«, schlug Antje vor.

»Danach können wir von unseren Lieblingsessen erzählen«, ergänzte Georg.

»Und vom Wetter, vom Himmel, der mal blau, mal grau, mal weiß ist«, sagte Wolfram spöttisch. »Allerdings können wir Blinden auch dafür keine Garantie geben.«

»Warum nicht? Wie es sich anfühlt, wenn Schnee fällt, so kühl und wässrig und weich.«

Während Antje sprach, neigte Wolfram ihr sein Ohr zu, so wie sie es oft bei ihm tat. Eine unwillkürliche Armbewegung in ihre Richtung, ein sachtes Drehen der Hand wie ein Streicheln. Doch dann: »Von unserem Blindsein haben wir genug gesprochen.«

Klarer blauer Himmel, ungetrübte Luft; um den glatten, vom Schnee befreiten Schneisenweg nicht zu verfehlen, fassten die Schüler sich bei den Händen und bildeten eine Schlange. Mühsam stapften sie vorwärts, versuchten, ihre Schritte denen der anderen anzupassen; manchmal stolperte einer, strauchelte, lief weiter. Hinrich sah ihren Atem, obwohl sie wenig sprachen. Zu Fred, der übertrieben langsam seine

Sachen zusammengepackt und etwas von *sich krank fühlen* gemurmelt hatte, hatte Hinrich gesagt: »Das ist Teil des Unterrichts.«

Im Senderhaus wärmten sie sich kurz auf. Der Techniker hatte einen Kübel Hagebuttentee gekocht und verteilte dampfende Tassen an die rotwangigen Schüler. Dann legten sie Handschuhe, Kopfbedeckungen, Schals und Jacken ab, und Wolfram tauschte die Wollmütze unauffällig gegen seine Schiebermütze, die er unter seinem Pullover in den Hosenbund gestopft hatte.

Wie beim letzten Mal traten sie vorsichtig ins Studio, bewegten sich drinnen jedoch schon etwas rascher und zielgerichteter.

Die Moderation übernahm heute Silvia, sie stockte häufiger als Wolfram, betonte aber überdeutlich jedes einzelne Wort. Es war ja kein Schulhofgeplänkel!

Für die Entschuldigung am Anfang der Sendung übergab sie an Antje, die allen Opfern des Faschismus ihr Mitgefühl ausdrückte, das Mitgefühl aller Schüler der Blindenschule, dessen sei sie gewiss. »Wir wollten niemanden verletzen, schließlich wissen wir selbst, wie es ist, Außenseiter zu sein, und wir bitten Betroffene inständig um Verzeihung. Aus diesem Anlass singen wir zuerst eines der wichtigsten Lieder der Spanienkämpfer.«

Spaniens Himmel breitet seine Sterne
Über unsre Schützengräben aus.
Und der Morgen grüßt schon aus der Ferne,
Bald geht es zu neuem Kampf hinaus.

Die Heimat ist weit,
Doch wir sind bereit.
Wir kämpfen und siegen
Für dich: Freiheit!

Obwohl sie das Lied gemeinsam ausgewählt hatten, nach einer langen Diskussion, verlor Hinrich, als er es jetzt hörte, für einen Moment die Orientierung. Er wusste, dass er sich in dem grauen Block des Senderhauses 2 befand, doch dieser Block kippte kurz, geriet in eine Schieflage im All. Das mitreißende Pathos, der forsche Text passten nicht zu den Jugendlichen; sie wussten nicht, was sie sangen. Das Lied glich einem viel zu großen Kleidungsstück, das am Leib schlottert, über den Boden schleift. Aus jedem Ton drangen Unbehagen und Zweifel, so sehr sich einige Schüler auch um das Gegenteil bemühten. Sogar die Melodie und der Rhythmus klangen unharmonisch, falsch. Auch glaubte Hinrich, winzige Textveränderungen zu vernehmen, *Mützenleben* statt *Schützengräben*, *Krampf* statt *Kampf*, eine einzelne Stimme, aber vielleicht bildete er es sich nur ein.

Georg und Antje blieben am Mikrofon. *Unwiderstehliche neue Weihnachtsrezepte* heiße das Thema der heutigen Sendung. Nicht alle davon hätten sie selbst ausprobiert, doch sie wollten den Hörern Anregungen geben. Die Väter sollten sich jetzt bitte nicht sofort verabschieden, auch ihre Mithilfe sei gefragt. Den traditionellen Kartoffelsalat, sagte Georg, den seine Mutter jedes Jahr mache, obwohl sie gar nicht aus Brandenburg stamme, könne man mit Löwenzahn und Kresse verfeinern. Er schluckte hörbar und hungrig. Und wer kein Fleisch bekommen könne, ergänzte Antje, aus dem eigenen Stall oder bei einem Nachbarn im Tausch gegen Holz oder eine Wolldecke, könne doch auch einen schmackhaften Rübensalat zubereiten …

Plötzlich sprang Wolfram mit einem Satz nach vorne, zerrte Antje grob weg und die Worte, ein reißender Fluss, brachen aus ihm heraus:

»Jetzt wollen wir endlich über Politik sprechen – dazu ist das Radio nämlich auch da. Ich würde gerne wissen, ob Sie, liebe Hörer, sich ebenfalls fragen, warum der Leiter der HO-Gaststätte *Turmklause* in Luckenwalde verhaftet wurde? Warum er überhaupt in dieser Gaststätte arbeiten musste? Der bekannte Antifaschist und Emigrant Paul Merker, der in zwei französischen Internierungslagern saß, ein Kommunist, wie er beteuert. Ich habe diese Geschichte selbst gehört, als ich neulich in seiner Gaststätte einkehrte.«

Hinrich erstarrte, zwei Seelen in seiner Brust. Nur wenige Schritte bis zum Mikrofon, doch er war unfähig sich zu regen. Antje rieb sich schweigend den Arm. Auch die anderen Schüler warteten ab, die Zeit – einige der Verblüffung geschuldete stille Sekunden – dehnte sich.

»Welchen Sinn hat es, dass wir uns in Blau kleiden, wenn wir die Farbe nicht sehen können?«, fragte Silvia dann, »Welchen Sinn hat die FDJ überhaupt?«

»Du bist doch gar nicht in der FDJ – und darum geht es auch nicht«, sagte Wolfram.

»Ihr spinnt gehörig«, rief Georg empört, »das ist nicht mehr unsere Sendung!« Zornig kickte er mit dem Fuß gegen den Ständer, sodass das Mikrofon wackelte und krachend umstürzte. Fred erschrak so sehr, dass er versuchte hinauszuflüchten, und Antje machte unwillkürlich einen Sprung, wobei sie mit der Schulter gegen die Wand stieß.

Erst jetzt schaltete der Techniker ab. Mindestens zwei Minuten waren sie noch auf Sendung gewesen, zwei überlange Minuten, in denen man ihnen, weit über die Grenzen der Stadt hinaus, zugehört hatte. Selbst wenn der Wind irgendwo wenige Worte in undeutliches Rauschen verwandelt hatte, war doch die Technik seit dem legendären Weihnachtskonzert beträchtlich fortgeschritten, und während Hinrich sich um die Schüler kümmerte, sie zu beruhigen suchte und den Mikrofonständer zurück an seinen Platz stellte, glitten vor seinem inneren Auge in rascher Folge alle ihm bekannten Zuhörer vorüber.

Teil II

1

Während sich an diesem Märztag die Nachricht von Stalins Tod wie ein Lauffeuer verbreitete, zeigte sich kein einziger Sonnenstrahl. Über seine Porträts im Schulhaus wurde in fliegender Hast und zugleich sorgfältig ein Trauerflor gezogen, und Effi Meister rief unverzüglich zum Fahnenappell.

Hinrich unterrichtete erst seit wenigen Tagen wieder an der Schule. Anfang des Jahres hatte man Gustav Weiler abgesetzt, und niemand schien genau zu wissen, ob er im Gefängnis, in einer Klinik oder zu Hause war. Von einem Tag auf den anderen verschwunden, und Effi Meister, seit Kurzem Mitglied der SED, hatte die Schulleitung übernommen.

Eifrig fegte die neue Direktorin über die Gänge und trommelte die Schüler zusammen. Es nieselte, als sie sich auf dem Schulhof versammelten; die Schüler trugen noch ihre Winterjacken über Pullovern; ihre Pionier- und FDJ-Kleidung lag zu Hause, denn die Todesnachricht hatte sie erst am späten Vormittag erreicht.

Effi Meister sprach mit tränenerstickter Stimme: Unendlich viel hätten sie dem Genossen Stalin zu verdanken, die Befreiung vom faschistischen Monster, den richtungsweisenden Aufbau ihres Staates, die gezielte Unterstützung von Arbeitern und Bauern; er sei der wichtigste Politiker, vielleicht sogar der wichtigste Mensch aller Zeiten, größer noch als Lenin.

»Was für ein Theater«, flüsterte Marianne. »Kein Wort davon glaubt sie selbst.«

Hinrich stand neben ihr, blickte auf kahle Bäume und regennassen Backstein; der Himmel über ihnen war aschgrau.

»Hast du gehört? Stalin ist gestorben!«, hatten die Schüler sich im Schulhaus zugeraunt, die Sensation ging von Mund zu Mund, ohne dass sie deren tiefere Bedeutung verstanden. Ein berühmter Mann, dessen Name häufig erwähnt wurde, ein Held, der ihren Familien in schweren Zeiten geholfen hatte. Dachten sie so? Aber selbst Hinrich war unsicher, was es für die Zukunft bedeutete.

Auf dem Hof ließen die Schüler das kaum eine halbe Stunde andauernde Ritual über sich ergehen, die Trauerrede, die Lebensdaten Stalins, von zwei Achtklässlern holprig aneinandergereiht, langweilig für Jugendliche. Vor allem Hinrichs Klasse blieb bis zum Schluss ruhig und diszipliniert. Sie schien stumm geworden seit Weihnachten, verängstigt und verschüchtert, und Hinrich kannte ihre Gedanken nicht mehr.

»Noch immer fehlt Ihnen jede Einsicht. Sie müssen lernen, nicht dem Falschen zu dienen.«

Sogleich hatte sich sein schlechtes Gewissen gemeldet. Zwei Monate war es jetzt her. Der Erste Sekretär der SED-Kreisleitung saß ihm gegenüber, ebenso Jahn, eine Schreibkraft und ein Abgesandter vom Staatlichen Rundfunkkomitee, der unverzüglich fragte, woher Hinrich das Recht nehme, ohne ihre Anweisung eine Radiosendung zu machen? Ein weiterer Mann, vermutlich von der Staatssicherheit, assistierte still und aufmerksam.

Der schlanke Abgesandte stand auf und stakte, das Gesicht reglos, quer durch den untapezierten, beinahe leeren, vom Schnee erhellten Raum. Das Klacken seiner Schuhe überlappte sich mit dem Klang der Schreibmaschine. Was würde geschehen, wenn andere Hinrichs Beispiel folgten? Hinrich gestand den Fehler ein; er habe den Unterricht interessanter gestalten wollen. Ohne Genehmigung aus Berlin? Er wolle also dem jungen sozialistischen Staat schaden? Hinrich wies die Behauptung von sich, er habe es fälschlicherweise als eine Formsache angesehen.

Man erwähnte noch einmal die erste Sendung. Hinrich sagte, was er dachte: dass er als sehr junger Mann nicht gewusst habe, was die Naziideologie bedeutete, später aber auf Distanz dazu gegangen sei.

Man rügte ihn für seine Naivität, spottete darüber, lachte kurz auf und zog die Zügel wieder an. Ob er wisse, was *Boykotthetze* sei? Hinrich verneinte.

Der Erste Sekretär fuhr fort: Die Geschichte mit Paul Merker – ein schweres antisozialistisches Vergehen! In dieser Aufbruchzeit müssten gegnerische Kräfte sofort erkannt und eliminiert werden!

Hinrich wagte nicht zu fragen, ob er damit Paul Merker oder Wolfram meinte und welche Strafe seinem besten Schüler drohte. Ohnehin wurde jeder seiner Ansätze, selbst das Wort zu ergreifen, im Keim erstickt.

Endlose Befragungen, Beteuerungen, Androhungen, Rechtfertigungen. Täglich fand er sich in der SED-Kreisleitung ein, und wenn er am Abend erschöpft nach Hause ging, versuchte er die Gesprächsfetzen in seinem Kopf zu ordnen. Gegensätzliche Kräfte kämpften in ihm. Warum war es schlimm, Paul Merkers Verhaftung zu hinterfragen? Vielleicht behinderte dieser Paul Merker wirklich den Aufbau einer neuen Gesellschaftsordnung?

Er hätte gerne Marianne getroffen, war jedoch dazu verpflichtet worden, auf direktem Weg nach Hause zu gehen. Die Wohnung nicht zu verlassen. Vorerst unter keinen Umständen Besuch zu empfangen. Am nächsten Morgen pünktlich um sieben Uhr wieder zu erscheinen.

Tag für Tag Sätze, die aus denselben Wörtern gebaut wurden und je nach Reihenfolge und Intonation ihren Sinn änderten. Er bemühte sich, jede Frage wahrheitsgemäß zu beantworten, verwechselte Ja und Nein und merkte, wie er begann, sich zu widersprechen. Seine Erklärungen gerieten schwammig; verwirrt brach er von dort auf, verwirrt traf er am nächsten Morgen dort ein. Längst hatte er alles erzählt, was es zu berichten gab; er verstand nicht, weshalb niemand das Ganze abbrach. Den Weg zur SED-Kreisleitung hätte er mit geschlossenen Augen gehen können, inzwischen kannte er jede Kurve, jede Mauer, jeden Gartenzaun, jede Trottoirkante, die Steine des Straßenpflasters und jede aufgerissene Stelle, ihre dürren Grasbüschel, die Gardinen in den Fenstern und Gepflogenheiten mancher Bewohner. Während er noch vor Sonnenaufgang durch Schneematsch stapfte, sah er im trüben Küchenlicht eine Familie in Eile frühstücken, hörte das stetig lauter werdende Pfeifen des Teekessels, das jäh abriss, gefolgt von Fluchen, wenn die Mutter sich am Stöpsel verbrannte. Hinrich sog das Leben der anderen in sich auf, die alltäglichen Handgriffe, Stimmen und Bewegungen.

Am Ende wurde großmütig entschieden, er sei noch jung und man gebe ihm eine Chance, sich zu ändern, mit Auflagen. Er solle jede Woche festhalten, wie sein Unterricht verlaufen sei und was seine Schüler äußerten, und sie umfassend und ohne Ausnahme zu sozialistischen Persönlichkeiten erziehen. Zudem verfasse er vor der Rückkehr an die Schule eine Stellungnahme, aus der eindeutig hervorgeht, dass er sein Verhalten bereue, und in der er seine Ziele und die konkreten Schritte festlege, um bis zum Schuljahresende seine Erziehungsaufgaben umfänglich zu erfüllen.

2

Marianne war einverstanden, als er vorschlug, mit der Bahn nach Berlin zu fahren. An den Gleisen, im Zug und auf den Straßen sprachen alle über Stalins Tod. Die Menschen tauschten ihre Erfahrungen über den heutigen Tag aus, die Trauerfeiern in den Betrieben, Schulen und Ämtern. Manche schienen schockiert zu sein, andere spotteten hinter vorgehaltener Hand, wie es denn sein könne, dass ein Unsterblicher das Zeitliche segnet …?

In einem kleinen Park, den sie durchquerten, blühten erste Schneeglöckchen und Krokusse in der regenfeuchten Erde. Es dämmerte; sie bestellten Kaffee und Limonade in einem belebten Lokal, in dem wieder und wieder die sowjetische Nationalhymne gespielt wurde. Hinrich verspürte Lust zu rauchen und kaufte ein Päckchen Zigaretten. Dass man Tabakwaren nun wieder fast überall bekam – er genoss diese Selbstverständlichkeit.

»Du weißt, dass wir in Mexiko ganz unterschiedliche Leute kannten …« Marianne senkte die Stimme. »Einig waren sie sich nur in ihrem Abscheu gegenüber Hitler. Sie diskutierten oft über die Sowjetunion und zerstritten sich, ohne sich jemals wieder zu versöhnen, weil einige die *Moskauer Prozesse* rechtfertigten. Es gibt wirklich keinen Grund, Stalin zu verehren.«

Sie flüsterte und ihr Blick schweifte prüfend durch das Café.

»Sind seine Verdienste nicht unbestritten? All das, was Effi Meister erwähnte?«

Trotzig zog Hinrich an seiner Zigarette. Marianne schüttelte stumm den Kopf. Dann sagte sie:

»Weder ihr Tonfall noch die Fakten stimmten – so.«

Sie beugte sich über den Tisch: »Eine grandiose Hymne. Nur den Text müssten sie ändern.« Energisch fuhr sie mit der Hand durch die Luft: Keine Einzelheiten an diesem Ort!

Andere sowjetische Lieder aus dem Krieg ersetzten jetzt die Nationalhymne; kraftvolle, mitunter leicht melancholische Klänge, die mitreißend aus den Lautsprechern dröhnten. Niemand konnte daran zweifeln, dass Stalins Erbe weit in die Zukunft getragen würde.

Die Musik schützte zuverlässig vor Mithörern, deshalb fragte Hinrich: »Kennst du zufällig den Paul Merker, von dem Wolfram sprach?«

Marianne riss die Augen auf und gab ihm ein Zeichen, dass sie zahlen und von hier verschwinden sollten.

Bleiches Mondlicht über dem Kanal. Das Wasser roch modrig und dürre Zweige kahler Sträucher streiften scharf ihre Gesichter, wenn sie vergaßen, ihnen auszuweichen.

Marianne begann zu erzählen:

»Paul Merker sollte an die Gestapo ausgeliefert werden und kam gerade noch rechtzeitig nach Mexiko. Ein kräftiger Mann mit weichem Gesicht und aus der Stirn gekämmtem Haar. Wenn ich ihn im Heine-Klub sah, wirkte er oft traurig. Er ist kein Intellektueller, aber schon lange Kommunist und KPD-Mitglied. Obwohl er gegen die Vereinigung mit der SPD war, wurde er ins Zentralsekretariat der SED gewählt. Ich weiß nicht genau, was sie ihm vorwerfen – auf jeden Fall hat man ihn vor zwei Jahren aus der Partei ausgeschlossen und zu dieser Arbeit in der Gaststätte gezwungen. Und jetzt haben sie ihn tatsächlich verhaftet ... Ich glaube, es hatte etwas damit zu tun, dass er eine Entschädigung für die enteigneten Juden forderte. Falls das kein Vorwand ist.«

In den letzten beiden Monaten hatte Hinrich Marianne vermisst, ihren Schwung und ihren Geruch nach etwas Frischem und Fruchtigem, ein Sommergeruch. Ihr Wissen und wie sie es kundtat, selbstverständlich und ohne zu belehren. Ihren leichten Akzent, den er nur an manchen Tagen hörte und nicht genau zuordnen konnte, eine Mischung aus Berliner Dialekt und Spuren des mexikanischen Spanisch in einzelnen Lauten.

»Und was ist daran falsch?«

»Das Privateigentum«, entgegnete Marianne ernsthaft.

»Und deshalb keine Entschädigung?«

»Vermutlich wird so argumentiert. Gerechte Besitzverhältnisse als Basis der sozialistischen Gesellschaft.«

»Das könnte man diskutieren, aber die eigenen Leute verhaften?«

»Stalin hat das länger als zwanzig Jahre gemacht. Verhaften, internieren, erschießen.«

Hinrich sprang über einen dicken querliegenden Ast, nur als Umriss erkennbar, während Marianne stolperte, strauchelte und stürzte. Sofort wieder aufstand, die Hände beschmutzt, der blaue Rock an einer Seite eingerissen. Er hatte ihr helfen wollen – und gezögert.

»Sagen das deine Künstlereltern – weil sie an nichts mehr glauben können?«

Im Licht einer Laterne sah Hinrich, dass auch ihre Strumpfhose zerrissen und ein Knie aufgerieben war.

Marianne erwiderte:

»Meine Eltern glauben an vieles, die magische Kraft von Pappmaché-Figuren und die ewige Schönheit schneebedeckter mexikanischer Berge, daran, alles Sichtbare und Unsichtbare in Bilder bannen zu können, und an die Macht der Solidarität. Aber nicht an den Sinn von Internierungslagern und Hinrichtungen.«

»Von den *Moskauer Prozessen* habe ich auch gehört, aber ich dachte, das sei eine Ausnahme gewesen«, entgegnete Hinrich heftig. Er rang mit sich, stieß die Schuhspitze ein paar Mal in die Erde, dann erzählte er von den Befragungen, und als sie schließlich bei seinem Haus ankamen, erwähnte er die Auflagen. Marianne erschrak; zum ersten Mal sah er sie ratlos. Ob sie dasselbe dachte wie er? Wie unsinnig es war, sich rechtfertigen zu müssen, doch die Schüler ausspionieren – das wäre Verrat. Es nicht zu tun, aber auch. Denn er würde nicht mehr als Lehrer arbeiten, sie nicht begleiten können.

Wie Marianne bewohnte er ein möbliertes Zimmer mit eigenem Eingang zur Untermiete. Auf dem Boden ein dünner, staubiger Teppich, an der Wand ein einfacher Kleiderschrank, dazu ein schmales Bett mit weißem

Bettzeug. Marianne setzte sich an den winzigen Esstisch; man hörte Gelächter und Gepolter aus der Nachbarwohnung, sonst war es still. Hinrich bückte sich und holte Brot und Wurst aus dem Fach unterm Waschbecken, zwei Flaschen Bier, und sie aßen, hungrig vom Ausflug, zu Abend.

»Die Atmosphäre an der Schule ist ganz anders, seit Gustav Weiler weg ist«, sagte Marianne. »Ich will nicht aufgeben – obwohl er verhaftet wurde.«

Hinrich senkte den Kopf, presste ihn zwischen seine Hände, und als er wieder aufblickte, fügte Marianne hinzu:

»Ich habe seine Frau auf der Straße getroffen, eine zierliche, weißhaarige Person, und sie sagte zu mir: ›Da saß er vor fünfzehn Jahren im Gefängnis – und jetzt wieder. Die Schüler sind doch seine Kinder, wir haben keine eigenen.‹ Ihre Stimme klang matt und abgekämpft. Während ich ihr nachsah, drückte sie die Schultern durch und zog das Netz mit den Einkäufen energisch hoch in die Armbeuge.«

Die Nachbarn waren ruhig geworden oder hatten das Zimmer gewechselt, und plötzlich hörten sie von draußen ein Zwitschern, dann eine Erwiderung, bis sich mehrere Vogelstimmen zu einem wilden polyphonen Gesang mischten.

»Sie sind auf der Balz.« Hinrich lächelte.

»Blaumeisen. Und ein Rotkehlchen.«

»Nein, Kohlmeisen. Sie pfeifen etwas lauter und mehr *staccato*.«

»Oho, ein musikalischer Fachbegriff«, lachte Marianne. »Mach mal das Radio an. Ich will die Nachrichten hören. Vielleicht gibt es jetzt nach Stalins Tod eine Amnestie.«

Auf dem Sender Berlin II hörten sie heroische Worte über Stalin, aber nichts über die Umstände seines Ablebens. Die Stimmen der Sprecher schwankten zwischen Heldenverehrung und Trauer, begeistertem und wehmütigem Pathos. Dann erklang *Spaniens Himmel*, gesungen mit überzeugender Inbrunst; anders als bei den Schülern schienen Text und erwachsene Sänger miteinander im Einklang zu stehen.

Marianne sagte nachdenklich:

»Sogar in Spanien haben die Antifaschisten sich untereinander bekämpft. Anarchisten, aber auch Kommunisten, die sich nicht einfügen wollten, wurden liquidiert. Obwohl sie doch ein gemeinsames Ziel hatten, zumindest im Kampf gegen Franco.«

Hinrich erhob sich vom Tisch, ging in einem Bogen um Marianne herum und schaltete das Radio aus. Er öffnete das Fenster weit und beugte sich hinaus.

»Ich kann das Rotkehlchen sehen«, sagte er sanft, »komm her.«

»Ich glaube, dich haben sie nur deshalb nicht verhaftet, weil es zu wenige gute Blindenlehrer gibt«, sagte Marianne.

Die Luft roch nach Regen, doch man erahnte den Frühling. Kaum zwei Meter vom Fenster entfernt saß das Rotkehlchen auf einem wippenden Zweig und blickte reglos und stumm in ihre Richtung. Mit einem Mal bewegte es kurz den Kopf und flog auf einen höheren Ast, wo es wieder zu singen anhob.

Marianne umarmte ihn von hinten, und es schien, als gliche dieses kleine Fenster einem gewaltigen Tor, das sich in die Nacht öffnete, hin zu etwas Ungreifbarem, das ihn für einen Moment alle Last vergessen ließ.

3

Erst im Nachhinein erkannte Hinrich die Zeichen: dass Wolfram, während sie das Programm aufstellten, geschwiegen oder ironische Bemerkungen gemacht hatte, dass er teilnahmslos, ohne die geringsten Anzeichen von Vorfreude, den Funkerberg hinaufgewandert war, dass er beim Singen schließlich die Textzeilen verändert hatte.

Effi Meister ließ nicht mit sich reden. Trotz des hartnäckigen Protestes seiner Eltern wurde Wolfram auf eine Sonderschule in Berlin geschickt, eine Schule, an der Kinder mit verschiedenen Behinderungen lernten.

Wolfram war das älteste von fünf Geschwistern. Obwohl es in der ganzen DDR keine Blindenschule mit vergleichbaren Möglichkeiten gab, nahmen die Eltern nach diesem Vorfall auch ihre beiden anderen sehbehinderten Kinder von der Schule, und die Familie zog nach Berlin um.

Dennoch war Hinrich erleichtert, dass Wolfram nicht in den Jugendwerkhof kam, in eines dieser Heime für Jugendliche, die als schwererziehbar galten. Vielleicht weil alle anderen Kinder der Familie Ahlzweig, wie Wolfram sehr gute Schüler, sich unauffällig benahmen. Vielleicht aber auch wegen seiner Sehbehinderung oder weil man hoffte, er werde in einer anderen Umgebung wie eine junge Pflanze ohne Licht eingehen. Hinrich wusste nicht, was er sich mehr wünschen sollte: dass Wolfram sich treu oder dass er geschützt bliebe.

In der Blindenschule ging der Unterricht weiter. Hinrich dachte sich kleine technische Experimente aus und improvisierte Theaterszenen mit den Schülern, ließ sie historische Momente nachspielen. Er wollte, dass sie mit Freude lernten, sich begeisterten, doch sie waren jetzt verunsichert, hielten oft mitten im Satz inne, verhaspelten oder korrigierten sich. Georg unterdrückte schon im Ansatz jeden Impuls, einen Witz zu machen.

»Sitzen zwei Männer in der Wüste ...« Ein voller Schwung vorgebrachter Satz. Georg erhob sich halb und ließ sich sogleich wieder auf den Stuhl fallen.

»Ach nein, in der Wüste ... ist es viel zu heiß.«

»Erzähl ...«

Hinrich biss sich auf die Lippen: Wenn er ihn ermutigte weiterzureden, musste er später alles berichten. Die Klasse schwieg. Es fühlte sich an, als ob die Schüler ihn sehen konnten, als ob sie ihn durchleuchteten.

Antje saß wie immer aufrecht an ihrem Platz. Meist arbeitete sie gut mit, aber an manchen Tagen verweigerte sie sich, ohne Vorwarnung, ohne Erklärung, kompromisslos. Weder sprach noch schrieb sie, und Hinrich konnte nur erahnen, dass ihre stundenweise Verwandlung, die sich stets von selbst wieder auflöste, mit Wolframs Schulausschluss zu tun hatte. Jetzt versuchte er, ihr Entgleiten zu verhindern, indem er stockend sagte:

»Die Wüstenregionen sind, geschichtlich betrachtet, bedeutende Orte.«

Wieder biss er sich auf die Lippen. Könnte jemand ein heikles Beispiel anbringen? Nein, Wolfram war sein einziger Schüler gewesen, der über tiefere Geschichtskenntnisse verfügte.

»Denkt an die Kolonialisierung: Kapitalistische Länder haben Afrika unter sich aufgeteilt.«

Er beobachtete Georg, der dem Unterricht aufmerksam folgte und sich sogar mithilfe seiner Punktschrifttafel Notizen machte. Es hatte sich herumgesprochen, dass man ihn am ersten Schultag nach Weihnachten so lange vernommen hatte, bis er dem Druck nicht mehr standhielt, in Panik geriet und aus dem Raum stürmte. Freundliche Passanten halfen dem verwirrten jungen Mann über die Straße und zeigten ihm den Weg zum Bahnhof. Am nächsten Morgen kam er zusammen mit seiner Mutter in die Schule, und sie verschwanden für zwei Stunden im Direktorenbüro, wo Effi Meister gerade eingezogen war.

Als er danach zum Unterricht kam, ließ er die Tür des Klassenzimmers offen, schlich zu seinem Platz und sagte betreten: »Silvia soll mit ihrem Vater zur Direktorin kommen.« Schon stand Otto Leingut hinter ihm, zischte ihm schroff etwas ins Ohr, reichte Silvia den Arm, und sie tasteten sich durch die Bankreihen bis zur Tür. Georg blieb die ganze nächste Stunde stumm.

Als Hinrich wenige Tage später zur ersten Befragung geholt wurde, war der Unterricht gerade zu Ende und die Schüler verließen den Raum. Auf der Schwelle stieß Antje mit einem Mann zusammen, sie entschuldigten sich gegenseitig und dann sah Hinrich auf

Antjes blassem Gesicht, wie sie seine Stimme, seinen Tonfall, seinen Geruch prüfte. Ihre Brauen zogen sich ganz leicht zusammen und ihr Körper erstarrte kurz. Früher als Hinrich erkannte sie, dass etwas Unheilvolles nahte.

»Die beiden kapitalistischen Großmächte England und Frankreich haben noch immer viele Kolonien in Afrika«, sagte Silvia mit kräftiger Stimme, den straffen Zopf auf den Rücken werfend, »und sie beuten die einheimischen Arbeiter und Bauern aus.«

Nachdem Otto Leingut die Tür des Direktorenzimmers hinter sich zugeschlagen hatte, wollte Silvia davonlaufen, verfehlte in ihrem Zorn aber die Richtung, stieß gegen die Wand und stürzte. Ihr Vater holte sie auf dem Gang ein und half ihr auf. Silvia schrie: »Dann trete ich eben in die blöde FDJ ein, wenn ich dadurch an der Schule bleiben kann!« – »Silvia, das machst du nicht«, fuhr Otto Leingut seine Tochter an, »Wir finden die FDJ nicht gut, also trittst du ihr nicht bei, basta!«

Hinrich fragte sich, wie er nun mit den Schülern arbeiten sollte. Herausfiltern, was sie wirklich dachten, und ebenso verschlüsselt darauf antworten?

Er bestätigte teilnahmslos die Richtigkeit von Silvias Antwort und hätte gerne Spanien, Portugal und Belgien hinzugefügt, um mit der Klasse darüber zu diskutieren, ob es heute noch eine Verantwortung der DDR gegenüber den Ländern gebe, die schon lange keine deutschen Kolonien mehr waren. Doch es schoben sich immer wieder Fragen der Wortwahl, Bedenken,

Unwägbarkeiten und Sorgen um die Schüler vor alles Inhaltliche. Befangen suchte er nach Ausdrücken, bemerkte einzelne Aussetzer, gelegentliches Stottern.

»Kennst du andere Länder, die Kolonien in Afrika haben, Antje?«

Gewiss kannte sie die Antwort, aber sie schwieg. Verwandelte sich. Weder verträumt noch unaufmerksam. An- und abwesend. Hellwach und im Dunkeln eingeschlossen. Unerreichbar.

Fred hob den Arm und nannte zwei, drei Länder, darunter die USA. Früher hätte vielleicht jemand losgeprustet oder bloß gekichert, und Hinrich hätte den Schülern erklärt, dass die Antwort zwar falsch sei, aber eine andere Wahrheit beinhalte.

Doch selbst wenn sie unbeteiligt wirkten, arbeiteten ihre Sensoren unter Hochdruck. Seltsame Grüppchen hatten sich gebildet, neue Rivalitäten. In der Vergangenheit hatten Silvia und Fred sich gegenseitig geärgert, übereinander gespottet, manchmal einander gemieden, jetzt grüßte Silvia ihn freundlich, half ihm beim Tippen, lieh ihm ihre nagelneue blaue Punktschrifttafel, schenkte ihm einen blankgeriebenen Apfel, wenn er hungrig war. Mit Antje gab sie sich wenig ab, Georg wich sie aus. Der wiederum versuchte, stiller als früher, mit harmlosen Sprüchen Antje zu beeindrucken. Obwohl Antje, bisher stets verständnisvoll, immer entgegenkommend, höflich zu Fred war, sich mit Georg über Musik und Tandems unterhielt, nur Silvia aus dem Weg ging, schien sie allen mit Befremden zu begegnen. Kein Einziger erwähnte auch nur beiläufig ihre Radiosendungen.

Und Fred? Spürte er, wie die anderen innerlich auf Abstand zu ihm gingen?

Überhaupt war jeder, misstrauisch geworden, viel einsamer – dachte Hinrich. Bis er ihnen eines Nachmittags nachsah und verblüfft bemerkte, wie sie jenseits des Schulzauns auflebten, einander anstießen, lachten, herumtänzelten. Er sah aber auch, dass Silvia schneller lief, sobald Fred ihre Nähe suchte, dass Antjes flüchtiges Lachen ihren Ernst nicht überdecken konnte und dass Georg sich mit einem jüngeren Schüler prügelte – ehe sie nach Hause oder zurück zum Internat gingen.

4

Blütengeruch erfüllte die milde Luft. Auch heute Abend ging Hinrich wieder am Kanal spazieren, um nachzudenken und einen freien Kopf zu bekommen. Seine Stellungnahme hatte er verfasst:

»Aufgrund meines technischen Übereifers, vorschnellen Vertrauens in meine in vielerlei Hinsicht noch unsicheren und zum Teil von reaktionären Kräften beeinflussten Schüler nahm ich meine Erziehungsaufgaben gegenüber der jungen Generation nicht ernst genug. Das war ein schwerwiegender Fehler, den ich unverzüglich korrigieren werde. An erster Stelle steht die Erziehung meiner Schüler zu sozialistischen Persönlichkeiten. Nur so können die Grundlagen des Sozialismus gelegt werden.

Ich werde erstens meinen Schülern eine klare Richtung vorgeben, die mit den Beschlüssen der II. Parteikonferenz der SED korrespondiert, zweitens genau auf die Einhaltung dieser Linie achten und die Schüler gegebenenfalls zur Verantwortung ziehen und drittens die SED-Kreisleitung regelmäßig und ausführlich über die Entwicklungen der Schüler sowie die Wahrnehmung meiner erzieherischen Tätigkeit informieren.«

Vorsichtig, mit den Füßen tastend, ging er die Böschung hinab zum Wasser, hockte sich hin und hielt die Hand hinein. Die Kälte zog bis zur Schulter und seine Finger wurden von Treibgut gestreift. Während er am Ufer nach einem Stock griff und versuchte, damit ein paar Pflanzen zu fangen, tönten vom Wegrand Stimmen zu ihm herüber.

Die Laternen standen in langen Abständen, sodass Hinrich wenig erkannte, als er sich umdrehte. Auf einer Bank ein Schemen, zu groß für eine einzelne Person.

Er wollte niemanden aufschrecken, doch die Bank lag auf seinem Weg. Auf den morschen Holzbrettern saßen Antje und Wolfram in starrer Haltung, wachsam und bemüht, keine Geräusche zu machen. Sollte er sie ansprechen? Plötzlich sagte Antje: »Herr Matuschek?« Hatte ein Geruch ihn verraten, der Klang seiner Schuhe oder der Rhythmus seiner Schritte? Sie wussten, dass er sie gesehen hatte. Flüsternd gab er sich zu erkennen.

»Müsstest du nicht in Berlin sein?«, fragte er Wolfram übereilt. »Du hast doch morgen früh Unterricht.«

Hinrich schlug sich mit der flachen Hand gegen die Stirn: Welch dumme Begrüßung! Vielleicht dachten sie das beide, er und Wolfram, Lehrer und ehemaliger Schüler, der Gebliebene und der Verwiesene. Bestimmt hatte Wolfram sich nicht nur ein Mal gefragt, welchen Preis sein Lehrer gezahlt hatte, um bleiben zu können.

Es raschelte im Gebüsch, jemand radelte auf der anderen Uferseite stadtauswärts und aus einem Fenster grölte ein Mann: »Ich trink so viel ich will, das gibt Energie für die Planerfüllung … Komm mal her.« Er drückte seinen Arm fest um den Hals einer Frau mit Lockenwicklern im blonden Haar und lallte: »Und wenn wir gerackert haben und gerackert und gerackert, fahren wir in den Urlaub …«

Mit den Armen rudernd deutete er in eine unbestimmte Ferne:

»In den Thüringer Wald, zu meinem Onkel Hugo, der hat noch eine hübsche Gewehrsammlung und schießt uns Hasen und Wildschweine, und dann kochst du uns was Schönes ...«

Die Frau schlug das Fenster zu.

Wolfram schwieg, rückte ein Stück von Antje ab, ohne seine Sitzhaltung zu lockern, und schob seine Mütze in die Stirn. Seine graue Hose war zu weit und an den Knien verschlissen, das braune Sakko, wahrscheinlich ein ausrangiertes seines Vaters, schlotterte um seine Schultern. Es geht mich nichts an, dachte Hinrich, es darf mich nichts angehen! Er ist nicht mehr mein Schüler, und ich bringe ihn womöglich in Schwierigkeiten. Verabscheuen wird er mich für meine Feigheit, für meine Kompromisse, und Furcht haben, ganz zu Recht, Furcht, dass ich ihn verrate. – Er oder Antje könnten mich auch verraten. Doch wer würde ihnen Glauben schenken? So bekämen sie vielleicht noch mehr Schwierigkeiten ...

Dann brach der Damm, unerwartet, kraftvoll, entschieden.

»Dort lerne ich ohnehin nichts.«

Dass er so offen mit ihm sprach. Hinrich hörte den Hilferuf hinter den Worten, aber wieso wandte er sich damit an ihn?

Antje kramte mühsam eine lange und dicke Strickjacke aus ihrer Tasche und glitt mit umständlichen Bewegungen hinein. Rasch wurde die Luft am Abend kühler, Stunde um Stunde sackten die Temperaturen ab. Antje rutschte ans Ende der Bank und zog Wolfram am Ärmel zu sich herüber, sodass Hinrich sich neben ihn setzen konnte. Wolfram nahm die Mütze ab und drehte sie in seinen Händen.

»Die Lehrer wissen nicht, wie sie mit den behinderten Schülern umgehen sollen, sie verstehen die Reaktionen nicht, können die Besonderheiten nicht unterscheiden. Aber ich, ich begreife, was mit ihnen los ist, und helfe ihnen. Mache ich ja bei meinen Geschwistern auch.«

Hinrich lächelte vor sich hin: noch immer dieselbe sympathische Arroganz wie vor drei Monaten.

»Also lernst du doch etwas.«

»Aber man bringt mir nichts bei. Die Lehrer, das sind frühere Heimerzieherinnen, Hausfrauen, sogar Bauern. Sie haben keine Ahnung vom Unterrichten. Außerdem vermute ich, dass wir fast alle die gleichen Tabletten bekommen. Zumindest fühlen sie sich so an. Und ich habe Gespräche unter den Lehrern mitgehört. Ich wehre mich dagegen, manchmal mit Erfolg, manchmal ohne.«

»Man kann Sonderschullehrer nicht so einfach in zwei, drei Jahren ausbilden … Es fehlt noch immer an unbeschädigten, beheizbaren Räumen, an Stühlen und Tischen, Büchern, Tafeln und Kreide, und erst recht an Schreibmaterialien für Blinde und guten Medikamenten. Und an guten Lehrern.«

»Sie haben doch auch nur einen kurzen Lehrgang besucht … Kommen Sie mal nach Berlin. Nicht direkt zu uns, meine Eltern und Geschwister sollen nichts mitbekommen; Sie können an der Petrikirche warten, am Ende der Grünstraße, bei den riesigen Trümmerhaufen, von denen meine Eltern mir erzählt haben. Ich hole Sie ab. Aber ohne Begrüßung – als würden wir uns nicht kennen. Klirren Sie stattdessen zweimal mit Ihrem Schlüsselbund. Morgen oder übermorgen gegen vier? Da ist die Schule vorbei und Abendbrot gibt's erst um sechs.«

»Übermorgen«, erwiderte Hinrich schnell, als fürchte er, Wolfram könne sein Angebot zurückziehen, und zugleich gewillt, das Treffen in Berlin so weit wie möglich hinauszuschieben.

»Wir müssen zur S-Bahn«, drängte Antje, »du musst deine Geschwister ins Bett bringen und ich kriege Krach mit meinen Eltern. Trotzdem komme ich noch ein paar Stationen mit.«

Die stille Antje, ganz entschlossen, wenn sie von etwas überzeugt war.

Hinrich gab ihnen zur Verabschiedung die Hand und widerstand dem Impuls, sie kurz an sich zu drücken. Nach ein paar Metern blickte er zurück und sah, wie sie sich fester umarmten als zuvor, da sie noch in derselben Stadt wohnten, sich hungrig und rückhaltlos anfassten, als erlaubten sie sich jetzt alles, was sie sich wünschten. Obwohl es ihm unangenehm war, sie zu beobachten, blieb Hinrich stehen und verfolgte ihre Bewegungen.

5

Während die S-Bahn sich quietschend Berlin näherte, tauchten unweit der Gleise zerbombte Gebäude auf, die von einer unbebauten Strecke mit blassen Büschen und hohem senfgrünem Gras abgelöst wurden. Dann erneut Häuser und Ruinen, daneben Stapel von Ziegeln, Stapel über Stapel, und Schutthaufen, um die sich noch niemand gekümmert hatte.

Auch in der Stadt standen unzerstörte Bauten neben Ruinen; zwei Trümmerfrauen mit dicken Handschuhen klopften Steine zwischen Schuttbergen, eine kräftige ältere Frau und eine ganz junge, die bloßen Unterarme von Staub bedeckt. Keine von beiden blickte auf, als Hinrich vorüberging.

An einer Ecke setzte er sich auf die rissige Bordsteinkante und rauchte. Es war zwanzig vor vier, die Sonne schien, Vögel zwitscherten in den wenigen, laublosen Bäumen und die ersten Straßencafés waren wieder geöffnet. Die Menschen, oft noch in Wintermäntel gehüllt, lasen Zeitung, redeten, und schräg gegenüber hatte der Verkäufer einen Holzschemel vor seinen Kiosk gestellt, um sich, solange keine Kundschaft nahte, mit übereinander geschlagenen Beinen in ein Buch zu vertiefen.

Gemächlich ging Hinrich weiter zur Petrikirche. Als Wolfram raschen Schrittes auf ihn zukam, machte Hinrich das vereinbarte Zeichen, sodass Wolfram aufhorchte, dann jedoch wortlos abbog und quer über die holprige Straße lief. Ohne das geringste Hilfsmittel für Blinde schlängelte er sich zwischen Fußgängern und klingelnden Radfahrern hindurch, stieß mit Passanten zusammen, ignorierte ihr Schimpfen, eilte weiter.

»Wollen wir uns in ein unauffälliges Café setzen?« Hinrich hatte ihn eingeholt und sprach ihn leise an.

»Nein!« Wolfram schien die Gegend inzwischen gut zu kennen und ein anderes Ziel zu haben, und erst jetzt verstand Hinrich, dass er ihn mit einer ganz bestimmten Absicht gebeten hatte, nach Berlin zu kommen.

Hinrich behielt ihn im Auge und folgte ihm in einigem Abstand. In einer kurzen menschenleeren Nebenstraße huschte Wolfram überraschend geschickt in eine Halbruine. Das Geräusch seiner Schritte wies Hinrich den Weg hinab in den Keller. Nun versuchte er ihn einzuholen, aus Sorge, der Junge könne in dem von Schutt und zerbrochenen Ziegeln übersäten Gebäude stürzen, doch Wolfram war schneller. Froh, ihn nach mehrmaligem Rufen endlich im Eingang eines Kellerraumes zu erblicken, seinen reglosen Schatten, hastete er über einen langen Gang auf ihn zu.

»Es war Antjes Idee«, sagte Wolfram stolz.

Durch eine Luke drang ein Streifen Licht in den verliesähnlichen Raum und legte sich auf den provisorischen Tisch darunter.

Werkzeug, Glaskolben, Drähte, Spulen, dicke und dünne Kabel, Drehknöpfe, Zeigerinstrumente, auch zusammenhängende Teile alter Sender, alles da; manches unbeschädigt, anderes musste repariert werden.

»Woher hast du das?«, fragte Hinrich.

Die Anlage steckte noch in den Kinderschuhen; bislang eher eine Materialsammlung, lagen die Einzelteile aufgereiht auf dem staubigen Tisch; ein paar Teile waren probehalber zusammengefügt.

»Hie und da gefunden und mitgenommen. Helfen Sie uns beim Zusammenbauen?«

»Uns?«

»Antje, ich und ein Freund aus der Nachbarschaft, mit gesunden Augen. Der hat das meiste aufgelesen, auf dem Flugplatz und den Berliner Schutthalden. Als ich vor ein paar Jahren noch da spielte, habe ich auch schon einige Stücke mit nach Hause genommen.«

»Mach das nicht!« Hinrich packte seinen Schützling an den Schultern und zog ihn zu sich heran. Wolfram wich erschrocken zurück, strauchelte und trat auf ein über den Boden gerolltes Glasröhrchen. Anstatt den Fuß von den Scherben zurückzuziehen, stampfte er noch einmal mit aller Kraft darauf.

»Warum?«

»Vor drei Jahren haben ein paar Schüler in Altenburg einen Piratensender gebaut.«

Wolfram blieb stumm auf Abstand.

»Du weißt nichts davon …?«

Jetzt wiegte der Junge langsam seinen Kopf, eine rhythmische Bewegung, gleichmäßig wie das Pendel einer Uhr. Erst als Hinrich mit dem Finger gegen einen der Glaskolben schnipste, hielt Wolfram inne und den Kopf so starr, als habe man ihm jede Regung verboten. Vor drei Jahren war er noch ein Kind gewesen; er hatte nichts mitbekommen.

»Sie hatten Kontakt zur sogenannten *Kampfgruppe gegen Unmenschlichkeit* und haben zuerst Flugblätter gedruckt. Einer von ihnen war Amateurfunker und experimentierte schon vorher mit alten Volksempfängern. An Stalins siebzigstem Geburtstag störten sie dann die Übertragung einer Rede von Wilhelm Pieck, bezeichneten Stalin als Massenmörder und kritisierten vehement die SED …«

»Stalin ist tot – und wir … sind nicht grundsätzlich gegen die DDR. Bis ich von der Schule flog, hatte ich guten Unterricht, alle haben sich sehr bemüht. Aber man kann doch nicht über alles Unbequeme schweigen!«

»Zwei junge Lehrer und zwei Schüler wurden vom sowjetischen Militärtribunal hingerichtet. Einen von ihnen, der geflohen war, hat man vorletztes Jahr in Westberlin aufgegriffen … «

»Glaub ich nicht.«

Wolfram wandte sich ab und strich kurz über die unebene, kahle Mauer: »Die ganze Wand ist voller Schimmel – wie das stinkt.«

»Hat man dich nicht verhört?«

»Ich habe mich sehr dumm gestellt. Aber nur wegen meiner Familie. Erst haben sie mir nicht geglaubt. Es ging überhaupt nicht mehr um die Radiosendung, man sprach plötzlich von antisowjetischer Propaganda, Spionage, illegalen Verbindungen. Ich habe beteuert, dass ich nichts dafür kann, wenn jemand so eine Geschichte erzählt. Wer das gewesen sei, fragten sie mich. Er habe sich nicht vorgestellt, entgegnete ich, und ich hätte ihn ja nicht gesehen. Ich sagte, dass ich bei der Sendung einfach den Kopf verloren und nicht nachgedacht hätte, weil bei uns Blinden manchmal der Verstand aussetzt. Da die Augen so nah am Gehirn liegen.«

Wolfram lachte. »Die haben mich tatsächlich sofort gehen lassen.«

Und als wolle er sich selbst davon überzeugen, rief er halblaut:

»Die Todesstrafe wurde doch abgeschafft.«

»Und vor drei Jahren wieder eingeführt«, entgegnete Hinrich.

Während draußen noch immer die Sonne schien, fröstelte er hier unten, in dieser seltsamen Höhle, die ihn wieder an den Krieg erinnerte. Er lehnte sich gegen die Mauer, hob den Blick zur Kellerluke, sah Waden und Schuhpaare vorüberziehen, einen kleinen verwahrlosten Hund, und konzentrierte sich auf die gedämpften Geräusche von draußen, das Klacken von Absätzen, Motorengeräusche, Stimmengewirr, Fahrradklingeln und Hupen.

»Bis vor Kurzem«, sagte er zögerlich, »war ich mir sicher, dass die Hinrichtungen Gerüchte sind. Als ich damals davon hörte, dachte ich gar nicht darüber nach, sondern vergaß es gleich wieder, auch weil ich überzeugt davon war, dass diese Leute unserem Land schaden. Vielleicht wollten sie das sogar, aber …«

Wolfram, still geworden, schwang wieder unmerklich seinen Kopf hin und her.

»Eines Morgens«, fuhr Hinrich fort, »nach einem Traum, an den ich mich nur sehr vage erinnerte, hörte ich in meinem Kopf die Stimme des Radiosprechers; bei der ersten Tasse Kaffee fielen mir sogar die Namen der Lehrer und Schüler ein und wofür man sie angeklagt hatte. Ich sah ihre Gesichter vor mir, wusste aber nicht, ob ich sie aus der Zeitung kannte oder ob die Bilder meiner Phantasie entsprangen.«

Er atmete tief ein, um Wolfram endlich zu sagen, dass er so schnell wie möglich nach Hause gehen und nie wieder an diesen Ort zurückkehren solle, doch dann fragte er:

»Was wollt ihr senden?«

Wolframs Lächeln, nur selten zu sehen, glich einem leuchtenden Blick. Schließlich sprudelte es aus ihm heraus:

»Ein Radio, das wir selbst aufbauen und verwalten und bei dem viele Menschen mitmachen können. Wir drei leiten es, lassen aber andere daran teilhaben. Stellen Sie sich zum Beispiel vor, wir informieren die Leute darüber, wo sie billig Heizmaterialien und Kleidung herbekommen können, und dann meldet sich einer bei uns und nennt noch andere Orte. Den könnten wir direkt zuschalten. Oder wir diskutieren, ob es bessere Wege als die Planwirtschaft gibt, um unsere Industrie in Schwung zu bringen. Ich will Fragen stellen und Antworten bekommen, und andere wollen das ganz sicher auch.«

»Aber du hast doch erlebt, was passiert, wenn jeder einfach so sagt, was er denkt«, sagte Hinrich ruhig.

Hier im Keller, wo sie allein waren, bewegte Wolfram sich anders als in der Schule, er schien überhaupt nicht darauf zu achten, dass ihm ein Mensch mit Augenlicht gegenüberstand, und überließ sich ganz seinen eigenen Sinnen; er griff nach einem Draht und tastete über all die schmutzigen und halb zerbrochenen Gegenstände, als suche er ein Teil, mit dem der Draht zusammenpasste. Instinktiv reichte Hinrich ihm eine Spule und führte seine Hand so, dass er den Draht durch ein winziges Loch stecken konnte.

»Vieles muss man löten«, sagte Hinrich.

»Die Frage ist, was geschieht, wenn wir *nicht* sagen, was wir denken.«

Hinrich bewunderte den Jungen, seine Unbeirrtheit, sein Rückgrat, doch er erwiderte: »Sprechen ja, aber weder mit jedem noch über alles.«

»Ich weiß selbst nicht, warum ich kaum Angst habe«, sagte Wolfram. »Als mein Großvater im Krieg fiel und mit Marschmusik beerdigt wurde, war ich noch klein. Die Sirenen, das Donnern der Flieger und Bombeneinschläge, ich erinnere mich an all das, aber wir sind doch nicht hier, um aus Angst vor dem Tod nicht zu leben.«

»Es geht nicht nur um dich, Wolfram, du gefährdest auch andere, wenn du Leute dazu einlädst, mitzumachen. Stell dir vor, jemand meldet sich zu Wort und erklärt allen Zuhörern, sein Nachbar habe, sagen wir mal, im Krieg aus Versehen ein herumstreunendes Kind erschossen. Dann rennen die Leute los und üben Selbstjustiz. Oder er erzählt, der Nachbar sei an schwerwiegenden Verbrechen der Wehrmacht beteiligt gewesen und bislang nicht bestraft worden. Dann kommt der Nachbar womöglich sofort vor Gericht. Weißt du denn, was andere denken? Kannst du Verantwortung für ihr Tun übernehmen?«

»Es wäre aber auch eine Chance, um über Gerechtigkeit zu diskutieren. Oder sie im besten Fall herzustellen.«

Die ganze Zeit über hatte Wolfram sich mal mehr, mal weniger von den Geräuschen im Haus und auf der Straße irritieren lassen, ein kurzes Aufhorchen – und er hatte weitergesprochen. Jetzt lauschten beide auf dumpfe, zügige Schritte über ihnen. Jemand durchquerte mehrmals den Raum, bis eine Tür schlug und die Schritte im Kellereingang erneut erklangen.

Panisch floh Wolfram hinaus. Offenbar nahm er lieber in Kauf, selbst entdeckt zu werden, als das Geheimnis des kleinen Kellerraumes preiszugeben.

Am Ende des Gangs, ein Streifen Licht fiel durch den türlosen Eingang, lief er einer kräftigen, hochgewachsenen Frau direkt in die Arme. Sie trug eine ausgewaschene hellblaue Kittelschürze und Holzpantoffeln.

»Hoppla, hoppla, was machst du denn hier?«, fragte sie und schob ihn von sich.

»Ich habe mich verlaufen … Aber hier ist ja endlich der Ausgang!«, entgegnete Wolfram und schöpfte Atem. »Und Sie?«

»Werd nicht frech, Bürschchen!«, sagte die Frau streng und holte mit dem Arm aus, doch dann sah sie Wolfram ins Gesicht, musterte ihn und meinte überrascht: »Bist wohl blind, Jungchen? Na, dann geh vorsichtig die Treppe rauf, und ich hole meine Kartoffeln.«

Hinrich wartete, bis die Frau in einem der vorderen Kellerräume verschwunden war, und schlich auf die Straße. Wolfram war nicht mehr zu sehen.

6

»Silvia Leingut zeigt ein ausgeprägtes Interesse für die Geschichte der Arbeiterklasse und beteiligt sich rege am Unterricht.«

»Georg Zelm hat gelernt, keine unangemessenen Witze mehr zu machen. Er denkt nach, bevor er spricht.«

»Mit pädagogischer Unterstützung gelingt es Antje Mahlberg immer besser, ihre gelegentlichen Konzentrationsschwierigkeiten in den Griff zu bekommen. Ihre politische Haltung ist nach wie vor untadelig.«

Am vorletzten Satz hatte Hinrich besonders lange gefeilt, aber es würde nicht ausreichen, Antjes Verweigerung im Unterricht zu erwähnen; wenn er nicht ab und an kleine politische Verfehlungen einstreute, begänne man bald, an seiner Glaubwürdigkeit zu zweifeln.

»Georg Zelm musste wegen einer provokativen Äußerung gerügt werden. Er wird sich bei der nächsten FDJ-Versammlung für sein Verhalten verantworten.«

Ein Gefühl von Ekel überkam ihn, sich selbst gegenüber, angesichts seiner erfundenen Behauptungen, doch er wusste keine andere Lösung.

Er trat ans Fenster, die Sonne ging am Horizont allmählich unter, weit davor glitzernde, von Schatten überzogene Stellen des Kanals. Natürlich war er verpflichtet zu melden, dass Wolfram und Antje an einem Untergrundradio bauten. Was, wenn man den Kellerraum entdeckte und seine Mitwisserschaft ans

Tageslicht käme? Vielleicht könnte er einem von beiden das Vorhaben noch ausreden? Doch er verstand ihre Beweggründe mit jedem Tag besser. Gleichzeitig fürchtete er, dass ihm im Unterricht oder auf dem Schulflur eine Bemerkung entfahren würde, eine winzige Andeutung, ein einziges verfängliches Wort.

Marianne erzählte er nichts von dem Treffen mit Wolfram. Das Wetter Anfang Mai war sehr frühlingshaft, sie fuhren an einen der von Schilf und Wald umgebenen Seen, die es in der Gegend um W. in unglaublicher Zahl gab. Gleißendes Licht, am Himmel nur ein paar Federwolken. An einer abgelegenen Uferstelle schliefen sie miteinander. Die Erde unter ihren Rücken war trocken und staubig, Baumwurzeln drückten in die Haut, doch das bemerkten sie erst danach.

Sie betrachteten gegenseitig die kleinen blutigen Stellen an ihren Rücken, entfernten, so gut es ging, den Schmutz aus den Wunden, strichen sich die Erde von Schultern, Beinen und Oberkörper und zogen sich wieder an. Am Ufer gab es in gleichmäßigen Abständen winzige Buchten, in denen sich andere Paare oder Grüppchen niedergelassen hatten. Sie hörten ihre Stimmen, ein unablässiges Gemurmel, undeutliche Worte, wie vom Wasser verschluckt. Ab und an tauchte ein Fisch auf und verschwand mit leisem Plätschern wieder. Der See glänzte mal silbern, mal dunkeltürkis in der spätnachmittäglichen Sonne.

Hinrich wollte nicht reden, sondern aufs Wasser blicken und den friedlichen Moment auskosten, doch Marianne sagte: »Wenn es so weitergeht, werden unsere Schüler zu Automaten, die man befüllt und aus denen man später durch Knopfdruck dasselbe herausholt. Wie können wir weiter hier arbeiten?«

Obwohl Hinrich sie sofort verstand, mochte er ihre Zweifel nicht teilen:

»Die Schüler brauchen uns. Wir dürfen Effi nicht das Feld überlassen.«

Am gegenüberliegenden Ufer lachte jemand laut, dann hörten sie ein Baby weinen, ein stetig anschwellendes, schrilles und zugleich zartes Geräusch, das Hinrich berührte. Kindergeschrei hatte ihn nie gekümmert, nun schien es, als wäre seine Haut durchlässig geworden. Das Kind hatte nur diese Sprache, bis jetzt, doch bald würde es lernen, Wörter nachzusprechen, zu denken, auszuwählen, zu verschweigen.

»Wie schaffst du das?«, sagte Marianne.

»Ich spalte mich auf.«

Marianne sprang hoch und lief ein paar Schritte in den Wald hinein, wo mehrere Wanderer forsch und ausgelassen vorüberstapften, Rucksäcke auf den Schultern, in ihren Händen einfache graue Äste, die sie zum Spaß als Wanderstöcke nutzten; Marianne grüßte kurz und sie grüßten zurück.

Wieder bei Hinrich, blieb sie stumm neben ihm stehen. Sein Blick glitt ihren schmaler gewordenen Körper hinauf bis zum Gesicht, auf dem ein Ausdruck von Bestürzung lag.

»Das wird nicht gut gehen, Hinrich, nicht für länger.«

»Gibt es eine andere Möglichkeit?«

Einige Jugendliche rannten ins Wasser, begannen zu schwimmen und sich scherzhaft zu schubsen. Gerade Marianne müsste mich verstehen, dachte Hinrich, nach allem, was sie in Mexiko erlebt und erfahren hat. Sie weiß doch, wie unversöhnlich Antifaschisten miteinander umgehen können.

»Unsere Schüler werden dasselbe lernen: sich aufzuspalten. Und wer es nicht lernt ...«

Mutlos schleuderte Marianne kleine scharfkantige Steine ins Wasser, einen nach dem anderen, und mit jedem Wurf schien ihr Zorn zu wachsen.

»Aber ich wüsste keinen Ort auf der Welt, wo das grundlegend anders ist«, fügte sie schließlich hinzu.

Sie zog fröstelnd ihren blauen Badeanzug an, tastete barfuß über Steine, Aststücke und Wurzeln und bahnte sich mit beiden Armen einen Weg durch das Schilf. Es schien keine Sonne mehr. Marianne kraulte sehr schnell bis zum anderen Ufer, blieb, Hinrich den Blick zugewandt, eine Weile unbewegt im Wasser stehen und schwamm dann in weitem Bogen zurück.

7

Am nächsten Tag fehlte Silvia in der Schule, und als auch ihr Vater bis zum Ende der Woche nicht auftauchte, wurde bekannt, dass die ganze Familie in den Westen gegangen war.

Man munkelte, sie hätten schon länger geplant, nach Marburg zu ziehen, wo Otto Leingut an der Blindenstudienanstalt arbeiten wollte. Als sehbehinderter Erdkundelehrer bekam er dort mühelos eine Stelle, aber wer sollte hier seinen Unterricht übernehmen? Und wie würde Silvia sich zurechtfinden? Hinrichs Blick schweifte immer wieder über ihren leeren Fensterplatz und von da zu der Bank, wo Wolfram gesessen hatte.

Fred blieb nun meist allein. Er verharrte in den Pausen einfach an seinem Platz, ruckte mit gesenktem Kopf wie ein Vogel in alle Richtungen und nichts, kein Geräusch, kein Wort, kein unvollendeter Satz, schien ihm dabei zu entgehen. Hinrich wusste nicht, was er seinem Vater zu Hause erzählte.

Wie jeden Mittwochnachmittag setzte sich Hinrich mit Antje, Georg und Fred im Klassenraum zusammen und erläuterte ihnen die Aufgaben der FDJ. Es gehe nicht mehr in erster Linie um Völkerfrieden und Völkerfreundschaft, jedenfalls nicht ausschließlich, sondern sie seien jetzt die junge Garde der SED, Teil wichtiger und übergreifender Strukturen, und würden so die neue sozialistische Gesellschaft mit aufbauen.

Die Schüler verstanden durchaus, was Hinrich sagte, doch es blieb formelhaft für sie und ungreifbar.

Ihre vom Frühling erweckten Sinne machten sie zappelig und gereizt, sie rutschten auf ihren Stühlen herum, baumelten immerfort mit den Beinen, und die Jungen versuchten bei jeder Gelegenheit, Antje beiläufig zu berühren.

In unmissverständlichen Worten hatte Effi Meister Hinrich unlängst dazu aufgefordert, Antjes Aktivitäten in der Jungen Gemeinde zu unterbinden und sie zu einer Austrittserklärung zu bewegen; deshalb sprachen sie auch über Gott.

»Ich möchte mithelfen, wo ich kann«, sagte Antje. »Ich bin gerne in der FDJ, aber wieso aus der Kirche austreten?«

»Weil es keinen Gott gibt«, entgegnete Fred in schneidendem Ton.

»Aber ich spüre ihn doch«, sagte Antje.

»Wenn es einen gäbe, hätte er ja wohl keine Misshandlungen zugelassen.«

»Oder er ist ein fieser Gott«, mischte Georg sich ein.

In Hinrichs Kopf blitzte das Bild der auf dem Tisch verstreuten Senderteile auf; *mithelfen, wo ich kann*; in Antjes Wesen verbanden sich FDJ, Untergrundradio, Gottesglaube mühelos miteinander.

»Selbst wenn es Gott gäbe, musst du ihm doch nicht in Gemeinschaft huldigen. Denk meinetwegen ab und zu an Gott, aber sei hier aktiv, konzentriere dich darauf, mit uns den Sozialismus aufzubauen. Mit der Zeit wirst du deinen Gott einfach vergessen, weil es ein viel wichtigeres Ziel gibt«, sagte Hinrich.

Wie steif seine Worte waren, wie sarkastisch sein Tonfall! Sehenden Auges und gewaltsam brach er

Antjes Integrität auf – und spürte dabei, dass sie ihn durchschaute, etwas Wesentliches spielend leicht *erfasste*, wie Wolfram es genannt hatte.

Nach der Versammlung blieb Fred im Raum zurück und sagte unsicher:

»Mein Vater hat mich heute Morgen gefragt, was Georg in seiner Stellungnahme gesagt hat. Was meinte er damit? Was hat Georg verzapft?«

Hinrich räusperte sich und senkte unwillkürlich den Kopf.

»Richte ihm aus, dass ich es mit Georg selbst geklärt habe, in aller nötigen Strenge.«

Wie gut, dass der Junge sein vor Scham und Zorn gerötetes Gesicht nicht sehen konnte … Er würde sich weitere überzeugende Details ausdenken und sie Jahn bis zum Ende der Woche schriftlich mitteilen.

Auf dem Schulhof blühten die Bäume in Rosa und Weiß, ein leiser Hauch trieb ihre Blüten hinab; gesprenkelte Wege und Grünschattierungen, so weit das Auge reichte. Wie stellten sich Antje und Fred, die beide vollblind waren, den Hof vor? Antje hatte als Kleinkind noch Farben und Umrisse erkennen können. Erinnerte sie sich daran, sobald sie in der Pause die Pflanzen roch, auf den nachgiebigen Blütenschnee trat? Woran dachte Fred, der von Geburt an blind war?

Hinrich drehte vor Unterrichtsbeginn ein paar langsame Runden, ehe er zu seinem Klassenzimmer ging.

Georg und Fred saßen bereits an ihren Plätzen, nur Antje fehlte. Nach der zweiten Stunde erkundigte Hinrich sich bei Effi Meister, die er vor der Tür ihres

Büros traf, ob eine Entschuldigung eingegangen sei. Nein, vielmehr habe man, nach Antjes beharrlicher Weigerung, die Austrittserklärung zu unterzeichnen, nun Konsequenzen ergriffen und sie von der Schule verwiesen.

Hinrich blieb stumm vor Erstaunen und Ärger darüber, dass er in die Entscheidung nicht einbezogen worden war, dann setzte er zum Widerspruch an, doch Effi Meister kam ihm zuvor:

»Die Junge Gemeinde ist eine Tarnorganisation für Kriegshetze und Sabotage im amerikanischen Auftrag. Haben Sie das nicht in der Zeitung gelesen?«

»Ich habe Mühe, das zu glauben«, erwiderte Hinrich vorsichtig.

»Bei Tatsachen gibt es nichts zu glauben. Die Junge Gemeinde ist illegal.«

Sie fügte hinzu:

»Ich überlege, ob wir die beiden neunten Klassen zusammenlegen.«

»Wie soll es mit Antje Mahlberg weitergehen?«

»Konzentrieren wir uns auf unsere Schule. Vielleicht wird die Arbeit bei einer hohen Klassenstärke zu unübersichtlich?«

Sie legte eine Hand auf die Klinke und bat Hinrich zum Gespräch ins Zimmer, aber Hinrich schüttelte den Kopf.

Er hatte oft mit Gustav Weiler dort geredet. Jetzt hätte er Effi Meister gerne ihre Unterlagen, eine Mappe, deren Inhalt er nicht kannte, aus der Hand geschlagen.

Es klingelte. Auf dem Gang kam Bewegung auf, die Schüler eilten in Grüppchen zu ihren Räumen, ein

Mädchen aus einer unteren Klasse stürzte, rappelte sich, das zerschürfte Knie kaum beachtend und ohne den Blutfleck am Kleidersaum zu bemerken, wieder auf und Hinrich ging grußlos davon.

8

Ein paar Tage später traf sich Hinrich mit seinen Eltern. Nach Arbeitsschluss blieb sein Vater gerne zu Hause, rauchte und las, meist Zeitung, ab und an ein Buch, doch die Mutter drängte darauf, unter Leute zu gehen; man müsse mit Hinrich doch nicht immer in der Wohnung hocken …

Sie wäre am liebsten ins Stadt-Café gegangen, Hinrich jedoch schlug das neue Schützenhaus vor, und tatsächlich saßen sie dort herrlich unter hochgewachsenen Linden, deren Blüten sich gerade erst zu öffnen begannen. Ein leichter Duft wehte bisweilen zu ihnen herüber. Das Café war gut besucht, alle Holzstühle draußen besetzt, die Luft erfüllt von Gesäusel und Stimmengewirr. Hier trafen sich Jung und Alt, Nachbarn und Familien, Pärchen und Alleinlebende.

Nachdem sie alles verzehrt hatten, Klemmkuchen, Pflaumenkuchen und Mohnpielen, legte die Mutter, allem erlernten Anstand zum Trotz, ihren Kopf auf den Tisch, das weiße Tuch, und gähnte laut.

»Zehn Prozent Normerhöhung, das ist wirklich nicht zu schaffen!«

Der Vater schlug mit der Faust neben das Geschirr, sodass es scheppterte, eine leere Tasse umfiel und die Mutter sich wieder aufsetzte.

»Man streikt schon überall, in Hennigsdorf, Karl-Marx-Stadt, Zittau …«

Er rauchte ohne Unterlass, sein Gesicht wirkte grau, Falten zogen sich hin über Stirn und Wangen.

»Deine Sendung ging ja gehörig schief«, wechselte er das Thema, »du musst die Schüler schon härter rannehmen!«

Hinrich schwieg.

»Wir bekamen übrigens Besuch«, fuhr der Vater fort, »so ein Langer vom Rundfunkkomitee, der seltsamerweise von meinen Jugendsünden wusste.« Er lachte auf und sagte dann stolz: »Einen echten Revolutionär nannte er mich. Wir haben uns stundenlang über Radios unterhalten, der kannte sich richtig gut aus!«

Während die Mutter den Kellner rief und noch eine Runde Kaffee für alle bestellte, sagte der Vater:

»Er hat mich über dich ausgefragt. Ich habe ihm gesagt, dass ich nicht verstehe, was du da machst.«

Du hast es mir doch in die Wiege gelegt …, hätte Hinrich beinahe erwidert, doch der Vater ergänzte rasch: »Ab dem Moment hörte er nicht mehr auf zu bohren: wie ich dich beeinflusst, gar angestachelt und ob ich dir bei den Sendungen geholfen hätte. Er kündigte einen weiteren Besuch an, kam aber nicht wieder.«

»Du warst mutig – damals«, sagte Hinrich tonlos.

»Oder ahnungslos und leichtgläubig«, erwiderte der Vater.

Ahnungslos bist du noch immer, dachte Hinrich. Es war ungerecht, so zu denken, nach allem, was die Eltern erlebt hatten. Er sagte: »Der Genosse bewundert also deinen früheren Mut und verurteilt jetzt meinen?«

»Weil wir jetzt endlich den Sozialismus aufbauen«, entgegnete der Vater.

Es klang störrisch, als müsse er seine Idee gegen ihn verteidigen, den Normerhöhungen und jedem Zweifel zum Trotz.

Die Mutter hatte die ganze Zeit geschwiegen und von einem zum anderen geblickt, nun sagte sie: »Jung waren wir, natürlich, aber du warst ganz und gar nicht ahnungslos, als du aus dem Krieg zurückkamst. Da war Hinrich noch nicht auf der Welt. Du wolltest unbedingt, dass der Kaiser verschwindet, Frieden, einen Rundfunk, der allen gehört. Und du hast Rosa Luxemburg bewundert.«

Wieso hatte der Vater seine früheren politischen Träume begraben? Sah er sie tatsächlich alle verwirklicht oder wollte er einfach seine Ruhe haben? Hinrich öffnete seine Tasche, zog Block und Kugelschreiber hervor und trennte rasch einen Streifen Papier ab.

Wie Lassalle sagte, ist und bleibt die revolutionärste Tat, immer »das laut zu sagen, was ist«. Er schob den Zettel über den Tisch.

Der Vater überflog das Zitat von Rosa Luxemburg, nickte und sagte: »Umgebracht haben sie sie.«

Als er Hinrich die Zigarettenschachtel hinhielt, lehnte Hinrich ab, die Mutter aber nahm sich eine Zigarette, ganz selbstverständlich, obwohl Hinrich sie nie zuvor hatte rauchen sehen. Blütenduft mischte sich mit Tabakgeruch, und sie schwiegen, bis die Mutter den Zettel zerknüllte und in ihrer Jackentasche verschwinden ließ.

Später spazierte er durchs Stadtzentrum, folgte wahllos Straßen und Gassen und wunderte sich darüber, dass er das Zitat für den Vater notiert hatte. Wolfram hatte dasselbe in anderen Worten ausgedrückt, und er hatte ihm widersprochen. Als er an der hellen Kreuzkirche vorüberkam und kurz innehielt, um die nach dem Krieg erneuerten Chorfenster, bunt bemaltes Glas, näher zu betrachten, erblickte er Antje, die gerade die schwere Kirchentür aufschob. Allein trat sie heraus, horchte auf Geräusche und blieb unvermittelt im Schatten eines Baumes stehen. Aus der Baumkrone drangen unzählige helle Vogelstimmen.

Sie regte sich nicht, stand dort wie eine Skulptur. Als drücke ein schweres Gewicht sie nieder, fielen ihre Schultern nach vorn.

Hinrich lief geradewegs auf sie zu, doch diesmal schien sie nicht zu wissen, wer sich ihr näherte, und zuckte kurz mit dem Kopf. Dann hob sie wie zum Schutz die Arme vors Gesicht.

Viel zu spät sagte Hinrich: »Ich bin's, dein Lehrer, Herr Matuschek.«

Sogleich wandte sie ihm den Rücken zu:

»Sie *waren* mein Lehrer.«

»Welche Ausbildung machst du jetzt?«, fragte Hinrich.

»Weiß ich noch nicht.«

Sie ging über das trockene Gras langsam davon. Während Hinrich sich beiläufig, doch mit wachsamen Blicken vergewisserte, dass niemand ihn beobachtete, folgte er ihr.

»Wie geht es in Berlin?«

Sie reagierte nicht.

»Ihr müsst aufhören mit dem Radio!«

Endlich blieb sie stehen und drehte sich um:

»Das sagen ausgerechnet Sie!«

Und dann lauter, herausfordernder: »Auf wessen Seite stehen Sie eigentlich?«

Jetzt war auch ihr der innere Riss nicht mehr fremd … Sie hat recht mit ihrem Misstrauen, dachte Hinrich entsetzt. Er hätte gern erwidert: auf beiden.

»Ich werde auf jeden Fall Abitur machen – egal wo.«

Er spürte hinter ihren Worten die Drohung, so wie Silvia das Land zu verlassen.

Mit ungewohnt schnellen Schritten lief Antje zur Straße. Das Abendlicht hatte sich vom roten Kirchendach zurückgezogen, überlaut tönten die Kirchenglocken und die Vögel im Baum flogen auf.

9

In der Mittagspause sah Hinrich Marianne mit Effi Meister im Gang stehen. In Wirklichkeit stand nur Effi Meister, die überschlanke Gestalt steif, die Bluse wie immer hochgeschlossen, während Marianne hin und her trippelte und mit dem ganzen Körper sprach. Ihre Stimme hallte durch den beinahe leeren Flur. Dann fuhr Effi Meister scharf mit der Hand durch die Luft, und Marianne stockte, wandte sich um, lief auf Hinrich zu und deutete mit einer Kopfbewegung nach draußen.

Sie entfernten sich vom Gebäude und gingen tiefer in den Wald hinein, wo Marianne durchatmete, als wolle sie sich von der Muffigkeit der Schule befreien. Neben dicken oberirdischen Baumwurzeln war eine kleine trockene Moosfläche; sie setzten sich.

»Sie haben Gustav Weiler tot in seiner Zelle gefunden.«

Die Lähmung wich nur langsam von ihm. Hinrich rieb seinen Handrücken an einem harten Wurzelstrang. Weilers herzliche Begrüßung im letzten September – als ob es gestern gewesen wäre. Sein offenes Lachen, seine Freundlichkeit, die Bestimmtheit, mit der er sprach, die Postkarte mit Leibniz' Porträt auf seinem Schreibtisch. Sein *Also beeilen Sie sich. Ich übernehme die Verantwortung.* Seine jähe Abwesenheit – in Hinrichs Gedanken eine vorübergehende. Das Bild von Weiler in einer Gefängniszelle, Tag für Tag in seinem Kopf, hatte er immer wieder weggeschoben.

»Ich habe Effi gefragt, was sie gewusst habe, und sie sagte: Nichts. Er habe nicht mehr zum Kollegium gehört und sei nicht einmal Genosse gewesen.«

Hinrich blickte Marianne unverwandt an, in ihrem feinen Profil lag ein Ausdruck von Ratlosigkeit und Trauer; er sah darin ihren wochenlangen Kampf.

»Seine Frau hat mich aufgesucht, um mit jemandem zu sprechen. Man habe ihr etwas von Herzproblemen gesagt, er sei ja nach dem Krieg nicht mehr der Stabilste gewesen –«

Um sie herum Unterholz, in dem es raschelte, krabbelte und summte, von fern Traktorengeräusche und der unablässige schrille Schrei eines Vogels.

Als ob ein Beben einsetzte, ein Sturm durch den dämmrigen Wald ginge, begannen Moose und Büsche, Rinden und Erdkrumen vor Hinrichs Augen zu tanzen; der Boden schien zu schwanken. Hinrich sprang auf, doch Marianne zog ihn mit Kraft zurück.

»Mitten in der Nacht klingelte es«, fuhr sie fort, »ich öffnete die Tür und stieg zusammen mit Frau Weiler die Treppe hoch. Plötzlich verlangsamte sie ihre Schritte, und als sie taumelnd oben ankam, brachte ich sie rasch zum Sofa. Während sie erzählte, goss ich immer wieder Schnaps nach.«

Marianne räusperte sich, senkte den Blick.

»Ein junger Mann, offenbar weder Arzt noch Wärter, hat ihr die Todesursache am Gefängniseingang mitgeteilt. Da hat sie nach draußen gedeutet und gesagt: ›Unverschämt sind Sie! Für das alles kämpfte er damals ... Damals? So lange ist es noch gar nicht her ... Glauben Sie, Sie könnten hier so stehen, ach

was, Sie hätten überhaupt eine Schule besuchen können, ohne Leute wie ihn?'«

Als Marianne den Kopf hob, sah Hinrich, noch halb
benommen, ihr Gesicht verzerrt, eine übergroße Not
darin, wie bei einem Tier, kurz bevor es verschlungen
wird, so stark, dass er wieder begann, seine Hand an
den Baumwurzeln zu reiben, ehe der Ausdruck sich
auflöste, das verschlungene Tier aufhörte zu kämpfen,
sich zu wehren, bis es sich ergab und nicht mehr regte.
Mit dem Aufgeben wich die letzte Freude, und selbst
als sie in der Ferne ein paar Ausflügler ein leichtes
Wanderlied trällern hörten, *Ziehn nicht die Wolken*
so schön und leuchtend am Himmel entlang? Und über
Wald und weite Höhn jubelt der Lerchen Gesang ...,
änderte das nichts. Mariannes Gesicht blieb aus-
druckslos. Erst als er es berührte, mit der Fingerspitze
über ihre Brauen fuhr, über die Wange hinab zum
Kinn, weinte sie.

10

Hinrich kannte den Friedhof, weil seine Eltern ihn manchmal dorthin mitgenommen hatten. Während die Mutter das Grab der Großeltern pflegte, kratzte er mit Steinen oder kleinen Stöcken Bilder in die Erde. Wurde ihm langweilig, rannte er mit anderen Kindern zwischen den abgezirkelten Ruhestätten umher, sie spielten Fangen oder Verstecken oder folgten einem verirrten Tier, bis die Erwachsenen sie mit drohenden Stimmen zurückriefen.

Ein großer stiller Spielplatz war dieser Ort für ihn gewesen.

Heute schritt er mit Marianne an den Gemeinschaftsgräbern im Krieg gefallener Soldaten, Familien- und Einzelgräbern, verwitterten und neuen Steinen vorüber.

Sie hatten sofort gewusst, dass sie am Begräbnis teilnehmen würden, allen Bedenken, jeder Furcht vor Parteileitung oder Staatssicherheit zum Trotz.

Mehr als fünfzig Menschen hatten sich versammelt. Jahn tauchte auf, gesellte sich zu den beiden Männern, die in straffer Haltung und mit vor dem Bauch verschränkten Händen in den hinteren Reihen standen, und ließ seinen Blick aufmerksam über den Friedhof schweifen.

Erst jetzt, als Hinrich die in der Mittagsglut schweigend ausharrende Menge sah, begriff er, dass Gustav Weiler auch an anderen Orten seines Lebens fehlen würde. Nie hatte er sich Weilers Leben außerhalb der Schule vorgestellt. Er folgte Mariannes Blick hinüber zu einer Menschentraube: die Frau in der Mitte musste Weilers Witwe sein. Sie musterte Hinrich und nickte Marianne zu, einer stillen Übereinkunft gleich.

Der Zug der Trauergäste betrat langsam die kühle Halle.

Als läge ein Schleier über seinen Sinnen, nahm Hinrich die meisten Einzelheiten der Trauerfeier nur gedämpft wahr, doch er registrierte überdeutlich die erstarrten Formeln, mit denen der Redner ein vollkommen verdrehtes Bild von Gustav Weiler zeichnete. Er wunderte sich, dass niemand laut oder leise aufbegehrend flüchtete. Hofften sie wie Hinrich, man gebe Weiler im letzten Augenblick seine Würde wieder? Protestierten sie, indem sie keinen Ton von sich gaben, keine Tränen zeigten?

Sobald er im Freien war, wollte Hinrich fliehen, doch Marianne hielt ihn zurück und deutete auf den Bestattungsbeamten, die Urne in seinen Händen.

Gleißendes Licht warf scharf umrandete Schatten. Hinrich schwitzte in seinem dunklen Anzug. Während die Menge hinüberging zu der frisch ausgehobenen Grube, lief er ziellos ein paar Schritte in die andere Richtung, bis er sich bei einem weiß blühenden Strauch wiederfand, der zwischen zwei Grabsteinen wuchs. Einem alten efeuüberwucherten und einem grauen mit schwarzen Schlieren. Auf dem verwitterten Stein war in geraden Lettern *Der Berg ist überschritten, nun wird es leichter gehen* eingraviert, der andere trug lediglich Namen und Daten der Toten. Barbara Jahn. Freds Mutter. Die Frau, die nächtelang gefoltert wurde, schwanger in eiskaltem Wasser stehen musste, während ihr Mann unter Hitler im Gefängnis saß.

Halb trockener Blütenschnee lag verstreut auf beiden Gräbern. Hinrich sah die gerade Reihe der Trauergäste, die weit ins Innere des Friedhofs hineinreichte, zögerte kurz und schloss sich ihr dann an.

Nach der Beisetzung verabschiedete sich Frau Weiler und Familie, Freunde und Bekannte verließen den Friedhof in verschiedene Richtungen. Hinrich und Marianne schlugen den Weg zum Funkerberg ein und gingen in der Umgebung des kleinen Hügels spazieren. Verstohlen blickten sie hinüber zu den Senderhäusern, in Gedanken bei Gustav Weiler. Zurück im Stadtzentrum klingelten sie bei seiner Frau.

Gerade als sie beschlossen hatten, nicht länger vor dem hellgrauen Mehrfamilienhaus zu warten, öffnete Frau Weiler vorsichtig die Haustür. Sie trug noch Trauerkleidung, hatte nur die Jacke abgelegt, Rock und Bluse waren etwas verrutscht. Unschlüssig standen sie ihr gegenüber, ihr Blick war weder einladend noch abweisend, eher verloren, entrückt.

»Kommt rein«, sagte sie mit matter Stimme und führte Marianne und Hinrich an der Außentoilette vorüber zur Hochparterrewohnung.

Von der winzigen Wohnküche ging ein einziges Zimmer ab; darin befand sich ein dunkelgraues Feldbett mit Metallgestell. Alle Wände waren von hohen, vollen Bücherregalen bedeckt. Eine solche Enge hatte Hinrich nicht erwartet; umso verwunderlicher, dass Gustav Weiler nie ärmlich gewirkt hatte, dass er stets in sauberem und gebügeltem Anzug, mit täglich geputzten Schuhen in der Schule erschienen war, frisiert und duftend.

Als Hinrich neben Frau Weiler am Esstisch Platz nahm, bemerkte er, dass es das Parfüm seiner Frau war, oder ihr gemeinsames Parfüm.

Sie stellte eine einfache weiße Schale mit Keksen auf den Tisch und schenkte ihnen Getreidekaffee ein. Schwere rotbraune Vorhänge, halb zugezogen, dämpften das Licht. Marianne sagte:

»Wie soll es nur weitergehen in diesem Land, in das wir unsere Hoffnung gesetzt haben?«

Frau Weiler schwieg, dann sagte sie lächelnd: »Als Gustav und ich uns in Berlin kennenlernten, tobte dort das wilde Leben. Wir gingen ständig aus, ins Theater, in kleine Galerien, tanzen. Er war schon immer ein Freigeist.«

Sie holte ein gerahmtes Foto vom dunklen Küchenbord über der abgenutzten, sorgfältig gereinigten Spüle. Ihre runden graugrünen Augen hefteten sich auf Hinrich: »Als sein Bruder aus dem Ersten Weltkrieg zurückkehrte, hatte er sein Augenlicht vollständig verloren. Gustav wollte verstehen, wie er die Welt wahrnahm. Das Weihnachtskonzert 1920 haben die beiden auch gehört, sich aber dabei nicht erwischen lassen.«

Marianne und Hinrich betrachteten die Gesichter zweier gutaussehender junger Männer mit dichtem, leicht gewelltem Haar, die Köpfe einander zugeneigt, Zwillingsbrüder, von denen einer wohl Glasaugen trug.

»Ich komme aus dem Thüringer Wald und habe in Lauscha gelernt, wie man solche Prothesen herstellt.

Später habe ich hier als Optikerin gearbeitet und das mache ich bis heute. Einige eurer Schüler kamen schon zu mir.«

Selbst ihre Hände, mit denen sie allerlei grazile, elegante und präzise Gesten ausführte, um das Gesagte zu unterstreichen, waren feingliedrig und dünn. Gelegentlich fiel ihr das Sprechen schwer, dann stockte sie oder ihre Stimme wurde brüchig.

»Es gibt da ein junges Mädchen, das vor ein paar Monaten mal bei mir im Laden war. Auch Gustav fand sie sympathisch. Ich habe gehört, dass sie vor Kurzem von der Schule verwiesen wurde.«

Sie bückte sich zum Zeitungsständer, fischte ein Lokalblatt heraus, breitete es auf dem Tisch aus und deutete auf einen langen Artikel in der Mitte, übertitelt mit *Kommuniqué von Staat und Kirche.* Hinrich und Marianne beugten sich darüber und lasen ungeduldig die neuen Regelungen, *… Es sind keinerlei weitere Maßnahmen gegen die sogenannte ›Junge Gemeinde‹ und sonstige kirchliche Einrichtungen einzuleiten …*

Erstaunt lehnten sie sich zurück. »Das wird Antje helfen«, sagte Marianne überzeugt.

Nur wenige Meter von ihnen entfernt wurde die Haustür geöffnet und Hinrich hörte lebhafte Stimmen, Vogelgesang, einen über das Pflaster ratternden Handwagen mit Metallrädern und irgendwo den blechernen Klang einer Sense. Manchmal erschien ihm sein Hörsinn durch die Arbeit ungemein geschärft. Jemand lief pfeifend am Fenster vorüber, während im Hausflur Bewegung aufkam, Kinder hinaufstürmten, Wohnungstüren zufielen. Stille. Hinrich schluckte

seinen Keksbissen hinunter und begann vom Untergrundradio, von Antjes und Wolframs Vorhaben zu
erzählen; er schilderte alles, was er in dem Berliner
Keller gesehen hatte.

Teil III

1

Als Hinrich das Radio einschaltete, spielte der Sender Berlin II ein Potpourri fröhlicher Opernarien. Mitsummend bestrich er eine dunkle Brotscheibe mit Marmelade und erhitzte im Kessel Wasser für den Morgenkaffee. Am Himmel zogen Wolken auf. Ein hastiges Frühstück, wie so oft; dann wartete er, die Aktentasche in der Hand, ein paar Minuten am Fenster, bis das Unbehagen, das ihn beim Aufbruch zur Schule inzwischen regelmäßig überkam, allmählich nachließ.

Auf der Straße herrschte große Aufregung, Kinder und Erwachsene liefen nicht wie sonst zügig und zielstrebig zur Schule oder Arbeit, sondern bewegten sich seltsam ungerichtet, wie Verwirrte, auf den Gehwegen und Fahrbahnen. Als er ein paar Worte ihrer erhitzten Gespräche aufschnappte, entschied er augenblicklich, zum VEB Schwermaschinenbau zu fahren, um die streikenden Arbeiter mit eigenen Augen zu sehen. Die wenigen Busse waren vollkommen überfüllt und hielten unentwegt mitten auf der Straße, um weitere Fahrgäste mitzunehmen; vermutlich waren die S-Bahnen ebenso voll, deshalb ging Hinrich zu Fuß..

Auf dem Weg, der parallel zur S-Bahn-Strecke verlief, begegneten ihm zahllose Menschen, die dasselbe Ziel zu haben schienen, Bauarbeiter, die auf den Baustellen des VEB ihre Arbeit niedergelegt hatten, Landwirte, ganz junge Lehrlinge vom Funkerberg, die mit kleinen, rasch zusammengebastelten Plakaten laut rufend zum Werk strömten, aber auch Bäckersfrauen,

Blumenverkäufer, Krankenschwestern, von den Normerhöhungen kaum Betroffene; sogar Kinder waren dabei. Einige radelten eilig an Hinrich vorüber, manche schoben ihr Gefährt, weil sie gemeinsam mit den anderen in den Nachbarort ziehen wollten.

Licht brach durch die schweren, wandernden Wolken. Am Wegrand laufend lauschte Hinrich den Gesprächen und Parolen, schielte verstohlen auf ein Plakat neben ihm: *Solidarität mit den Arbeitern.* Er begriff jetzt, dass die meisten hier waren, weil sie über den RIAS erfahren hatten, dass man in Berlin streikte. Am zeitigen Morgen, während Hinrich noch schlief, hatte Ernst Scharnowski, Vorsitzender des Deutschen Gewerkschaftsbundes in Westberlin, dazu aufgerufen, sich mit den Berliner Arbeitern zu solidarisieren.

Ein leichter Regen ging nieder, doch es kümmerte niemanden. Nur ein Funkerlehrling, dem Hinrich im letzten Herbst auf dem Funkerberg ein paar Mal begegnet war, sorgte sich um sein Kofferradio, aus dem laut die Nachrichten des Tages tönten. Am Gepäckträger seines Rads befestigt, musste es ein Modell aus dem Westen sein; weder in Ostberlin noch in W. hatte Hinrich je ein so gut transportables Radio gesehen. Dennoch kam es ihm zu groß, zu klobig und sperrig vor ...

Hektisch breitete der Lehrling seine dünne Jacke über das Transistorradio, während die Nachrichten weiterliefen, RIAS-Meldungen von der Ausweitung der Proteste auf andere Städte, Leipzig, Halle, Magdeburg, Jena, aber auch auf den Norden, Wismar und Teterow. Die Stimme des Reporters klang euphorisch, als wären die Streiks der Beginn einer historischen Bewegung und er selbst Teil davon. Es überraschte Hinrich nicht, dass die Arbeiter sich zur Wehr setzten, nur das Ausmaß des Aufbegehrens hatte etwas Unkalkulierbares, Beunruhigendes: Würden Demonstrationen das einzige Mittel bleiben? Was würde sich dadurch ändern? Kaum vorstellbar, dass es keine Gegenwehr gäbe …

Der Regen wurde stärker, prasselte jetzt auf sie nieder; die meisten schützten sich mit Kapuzen oder Schirmen. Hinrich und der Lehrling ließen die Menge an sich vorüberziehen. Einige versuchten, letzte Informationen zu erhaschen; dann schaltete der Lehrling das Radio fluchend aus, zog sich die feuchte Jacke über, verbarg rasch das Gerät darunter und hastete in den Wald.

Sollte nicht jemand ein besseres, noch handlicheres Modell für die ostdeutsche Wirtschaft erfinden – vielleicht sogar er selbst? Gedankenversunken folgte Hinrich wieder dem Tross.

Auf dem riesigen Werksgelände, zwischen rotbraunen Schloten, langen flachen Backsteingebäuden, Baumaterialien, Fahrzeugen, drängten sich im Nieselregen die Streikenden, deren laute Diskussionen sie von Weitem gehört hatten. Junge Männer, noch in der Ausbildung, aber auch erfahrene Arbeiter in Overalls oder dunkler Alltagskleidung, nur wenige Frauen. Hinrich schob sich in der Menschenmasse weiter vor. Ein paar Jugendliche erklommen eines der Ziegeldächer und riefen: *Generalstreik! Endlich wieder billige Butter!*

Jetzt kletterte ein älterer Arbeiter auf einen Stapel breiter, glänzender Stahlplatten, seine Bewegungen erschienen Hinrich seltsam vertraut, aber erst als der Mann sich aufrichtete, erkannte Hinrich seinen Vater. Das Haar durchnässt, mit kämpferischem Gesicht, kraftvoll, keine Spur von Müdigkeit, die sonst oft unbeweglichen Züge rege, das Megafon wie ein Schwert erhoben.

»Nieder mit den Normen, hoch mit den Löhnen! Bis Mittag werden wir eine Streikleitung gewählt und die wichtigsten Beschlüsse gefasst haben. Alle Betriebsangehörigen können die Neuigkeiten dann über den Betriebsfunk hören. Und nun setzen wir unsere Belegschaftsversammlung drinnen fort.«

Ein junger Arbeiter, hochgewachsen und kräftig, mit runden, gebeugten Schultern, die schwarzen Haare raspelkurz, stieg zum Vater auf den Plattenberg und riss ihm das Megafon aus der Hand:

»Gemeinsam für freie Wahlen! Wir fordern die Freilassung aller politischen Häftlinge und Kriegsgefangenen!«

Applaus und Zustimmung aus allen Richtungen, der Vater klatschte kurz mit, sprang schwungvoll hinunter und drängte sich als einer der Ersten ins Gebäude.

Hinrich entdeckte am Rand der Arbeiterschaft Marianne, die lebhaft mit den Männern um sie herum stritt; ihr blonder Schopf leuchtete, hob sich ab. Hatte auch sie RIAS gehört? Ohne mit ihm zu sprechen, hatte sie sich auf den Weg gemacht … Hinrich wollte zu ihr, doch die Menge war viel zu dicht; er kam nicht durch.

Nun strömten die restlichen Werksbeschäftigten hinein, zahllose Bauarbeiter aus W. schlossen sich ihnen an, und auch Marianne verschwand im Gebäude. Draußen diskutierten Menschen, die einander kaum kannten, die Lage.

Auf dem Dach lärmten die Jugendlichen, und ein Volkspolizist befahl ihnen, unverzüglich hinabzusteigen, um die Sicherheit nicht zu gefährden. Sie warfen ein paar Kieselsteine nach unten, bis der Polizist seine bislang im Hintergrund gebliebenen Kollegen dazuholte. Die Halle war nicht allzu hoch und die Polizisten geschickter, als Hinrich erwartet hatte. Über Fenstersimse und Vorsprünge kletterten sie an der Mauer hinauf und nahmen die verblüfften Jugendlichen auf der Stelle fest. Herab ging es zügig mit einer herbeigeschafften Holzleiter. Unten wurden sie sogleich von den letzten Demonstranten umringt, die vor den Polizisten ausspuckten, *Freilassen!* skandierten und nun ebenfalls mit kleinen Steinen warfen.

Hinrichs Blick glitt über Hallen und Schornsteine, das ganze weitläufige Gelände. Damals, vor etwa zehn Jahren, war er nur wenig älter als die Jugendlichen gewesen und auf einem kurzen Heimaturlaub zu Hause. Leichtigkeit suchend ging er spazieren, durchquerte kühle Waldstücke, bis er kurz vor den Fabriken auf flache Baracken stieß; vor der ersten, auf einer staubigen Stufe, ein Trupp ausgemergelter Männer. Sprachen sie Russisch, Tschechisch oder Polnisch? Sie verstummten, als er vorüberging, und ließen ihn nicht aus den Augen. Er wusste, dass im Werk Flugzeugteile und Lokomotiven für den Krieg gebaut wurden, hatte die Zwangsarbeiter aber vorher nie gesehen.

Es war gegen Abend, als plötzlich ein Vorarbeiter auftauchte, sie hochscheuchte und wie Vieh über den augustheißen, mit Steinen vermischten Sandboden Richtung Fabrikgebäude trieb. An ihren Körpern rann der Schweiß herab, während sie barfuß, die Kennzeichnung »Ost« an der dreckigen Oberbekleidung, vorbeitrabten. Hinrich folgte ihnen, auf Abstand bedacht, und sah, wie ein alter Mann umkippte, angebrüllt wurde, dennoch liegen blieb, und diejenigen, die sich umdrehten, mit einer Peitsche vorwärtsgetrieben wurden. Verstört war Hinrich davongeeilt.

Ein Fahrradklingeln holte ihn zurück in die Gegenwart, gefolgt von der Stimme des Radiosprechers. Das Werk war nach dem Krieg von den Sowjets demontiert und wenige Jahre später zum Volkseigenen Betrieb erklärt worden.

Der Funkerlehrling radelte ihm entgegen. Neugierig horchte Hinrich auf die Nachrichten, denen er zugleich nicht ganz traute.

Zwei Polizeiautos fuhren mit den verhafteten Jugendlichen vom Hof, und die Demonstranten drängten sich um den Radfahrer, hielten im Sprechen inne, lauschten. Wenige Polizisten standen noch vor dem Eingang und neben ihnen, scheinbar unbeteiligt, der schweigsame Mann von der Staatssicherheit, den Hinrich von den Verhören im vergangenen Winter kannte.

Als seien sie endlich sicher, dass es draußen ruhig bliebe, gingen sie hinein. Hinrich zögerte – dann machte er sich auf den Weg zur S-Bahn-Station, um so rasch wie möglich zur Schule zu gelangen. Doch die S-Bahn fuhr nicht mehr, die Generaldirektion hatte den Strom abgeschaltet.

2

Im Schulgebäude war es ruhig und kühl, der Unterricht anscheinend in vollem Gange. Als Hinrich an Effi Meisters Büro klopfte, um seine Ankunft zu vermelden, reagierte niemand, sodass er eintrat, sich umsah und das menschenleere Büro sofort wieder verließ.

Die Direktorin stand in seinem Klassenzimmer und erklärte den Schülern Körperbau und Lebensweise von Säugetieren. Auf dem Lehrertisch thronte ein ausgestopfter Marder, auf jeder Bank ein zerlegbares Tiermodell aus Holz. Fred und Georg sowie zwei Mädchen saßen still und folgsam jeweils nebeneinander, und es rührte sich auch niemand, als Effi Meister noch kurz das Thema Fortpflanzung ansprach.

Ohne zu zögern, überließ sie Hinrich ihren Platz: »Wir mussten Klassen zusammenlegen und den Stundenplan ändern.«

Er setzte an, um seine Verspätung zu erklären, doch sie nahm hastig ihre Tasche unter den Arm, die Modelle in beide Hände und schnitt ihm mit entschiedener Geste das Wort ab:

»Später!«

Nachdem sie die Tür geschlossen hatte, ließ Hinrich sich auf den Lehrerstuhl fallen; zum Glück konnten die Schüler nicht sehen, wie krumm er dasaß.

»Hattet ihr den Marder schon in der Hand?«

Die Jungen lockerten ein wenig ihre Haltung:

»Nein.«

Froh, Zeit zu gewinnen, stellte Hinrich das Tier auf die erste Bank und ließ Fred und Georg über das gesamte Fell streichen, vom Schweif über Rücken, Bauch und Kopf bis zu den Ohren.

»Warum war es am Morgen so laut und voll auf den Straßen? Ich bin immerzu mit jemandem zusammengestoßen«, sagte Fred.

»Es gibt Streiks in den Betrieben«, erwiderte Hinrich, »die Arbeiter sind unzufrieden mit ihrem Lohn und den Arbeitsbedingungen.«

»Dürfen wir auch mal streiken?« Georg schmunzelte, reichte den Marder mit einer kleinen ungeschickten Verbeugung an eines der hinter ihm sitzenden Mädchen weiter und berührte dabei flüchtig ihre Hand.

Das Mädchen lachte laut auf. Ob sie auch die Verbeugung gespürt hatte?

»Wird es einen neuen Krieg geben?«, fragte Fred mit banger Stimme.

»Das wird nicht passieren. Die Mitglieder unserer Parteiführung kennen die Grausamkeiten des Kriegs und werden es nicht zulassen«, sagte Hinrich nachdrücklich.

»Vielleicht eine Revolution«, sagte Georg.

»Wohl eher eine Konterrevolution«, murmelte Fred.

»Wenn einem etwas nicht gefällt, muss man für Veränderungen kämpfen«, sagte Georg, als wäre der Mut der Arbeiter auf ihn übergegangen.

Zu unruhig, um mit den Schülern zu diskutieren oder gewöhnlichen Unterricht zu geben, wich Hinrich ihren Fragen aus. Während Fred noch einmal das Tierpräparat betastete, hingebungsvoll, als sei es lebendig und als wolle er alles an ihm verstehen, stellte Hinrich sich zwischen die Bankreihen:

»Als Zehn- oder Elfjähriger habe ich einmal einen Marder beobachtet, ein wuscheliges, dünnes Tier mit Augen wie kleine glatte Knöpfe. Ich bin ihm durch den halben Wald nachgelaufen, weil ich ihn unbedingt berühren, am liebsten sogar einfangen und mit nach Hause nehmen wollte. Plötzlich blieb er stehen und ich sah meine Chance gekommen, aber dann ist er hinter eine Tanne gesprungen, es gab ein merkwürdiges Geräusch, und als ich mich auf Zehenspitzen angeschlichen habe ...«

Er hielt im Sprechen inne. Die Schüler schwiegen.

Hinrich sah auf die Uhr, ehe er das ausgestopfte Tier auf den Lehrertisch zurückstellte, sich verlegen verabschiedete und wenige Minuten vor Schulschluss das Gebäude verließ, um Effi Meister nicht zu begegnen.

3

Auf den Straßen herrschte noch immer ein unüber-
schaubares Durcheinander, wegen der streikenden
Bahnarbeiter sogar ein größeres als am frühen Morgen. Hinrich hastete auf kürzestem Weg nach Hause,
wobei Satzfetzen an sein Ohr drangen, aus denen er
sich weitere Forderungen erschließen konnte: Die
Besatzungsmächte sollten abziehen, die Zonengrenzen
geöffnet und HO-Preise massiv gesenkt werden.

Überall waren Volkspolizisten unterwegs, denen
Leute, die ihre Arbeit niedergelegt hatten, mit Plakaten und Parolen entgegentraten; sie riefen in kleinen
Sprechchören: *Zieht eure Uniformen aus und baut
mit am neuen deutschen Haus! Nieder mit der SED!*
Als zwei Polizisten versuchten, ein Plakat herunter-
zureißen, wurden sie von der Menge eingekreist und
gedrängt, die Waffen abzulegen.

Zu Hause angekommen schaltete Hinrich das Radio
ein. Berlin II brachte einen Beitrag über den nach
Guglielmo Marconi benannten Asteroiden Marconia.
Die Hand am Drehknopf hörte er einen Augenblick
zu, dann änderte er langsam die Frequenz. Orchester-
musik mischte sich mit Rauschen, überlappte sich mit
Stimmen von Sprechern, Schlagermusik ging in Knis-
tern über, manchmal fiepte es. Er kannte die Frequenz
des RIAS, drehte aber den Knopf nur sacht weiter. Wie
aus einer fernen Zeit, in unzähligen Geräuschen versteckt, vernahm er schwach eine vertraute Stimme.
Wolfram sprach schnell, und obwohl er sich gleichzeitig bemühte, einzelne Wörter zu akzentuieren,

verstand Hinrich fast nichts. Dann ein kurzer Moment ohne Rauschen: *Berlin ist … Vormittag die sowjetische … einmarschiert. Soll das tatsächlich die einzig mögliche Lösung sein, den Forderungen der Streikenden zu begegnen? Bitte … Sie sich, wenn Sie Hilfe, egal welcher Art, …* Wolframs Stimme verschwand ebenso rasch, wie sie aufgetaucht war. Auf den Straßen konnte jeden Moment etwas entgleisen, dennoch blieb Hinrich sitzen und wartete ab, zehn Minuten, vielleicht fünfzehn, bis aus dem kaum erträglichen Rauschen allmählich erneut eine Stimme hervortrat, undeutlich, aber hell und sicher. Antjes Stimme. Er hielt sein Ohr nah an den Apparat.

»Wir sind …, dass die Menschen in unserem … sich zum Protest erhoben haben, zugleich … erschrocken und beunruhigt über die Ereignisse und möchten mit Ihnen darüber diskutieren, wie es … weitergehen soll. Sind die einzelnen Forderungen alle gleich wichtig? Sollen tatsächlich alle politischen Häftlinge und Kriegsgefangenen ohne Unterschied freigelassen werden? Was würde der Abzug der Besatzungsmächte für uns Bürger bedeuten? Wie muss unser Leben dann organisiert werden? Wie können wir selbst sowohl eine wirtschaftliche als auch eine geistige Basis schaffen?«

Immer wieder wurde ihre Stimme von Geräuschen überdeckt und schließlich gänzlich verschluckt. Hinrich saß wie erstarrt, als es mehrmals an seiner Tür klopfte. Zu seiner Sorge um Wolfram und Antje gesellte sich ein ungeheurer Stolz auf die beiden. Er schaltete schnell das Radio aus und öffnete die Tür. Sein Vermieter, rotgesichtig und schwitzend, drängte sich in den Rahmen und sagte fahrig: »Die Russen stehen vor den Toren von W., wir verschwinden, keine Ahnung, wohin, erst mal zu Verwandten im Westsektor, das sollten auch Sie schleunigst tun. Wir lassen uns nicht noch einmal alles nehmen, geschweige denn uns einbuchten.«

Hinrich nickte stumm, während der Vermieter misstrauisch versuchte, einen Blick in das Zimmer zu erhaschen.

In der obersten Etage fiel die Tür ins Schloss, Koffer wurden auf den Boden geknallt, bevor die rundliche Frau des Vermieters mit dem Gepäck die Stufen herunterstampfte.

»Los, Herbert!«, mahnte sie unwirsch zur Eile und drückte ihm zwei Koffer in die Hand. Sie stürzten los.

»Die Miete … wir schicken jemanden«, rief er noch das Treppenhaus hinauf.

Vom Fenster aus sah Hinrich die beiden die überfüllte Straße entlanghasten. Mit welchem Verkehrsmittel würden sie die Stadt verlassen? Hatten sie überhaupt darüber nachgedacht?

Zurück am Küchentisch schaltete er den RIAS ein, der problemlos zu empfangen war.

»Wir sind wieder mittendrin im Geschehen«, sagte der Reporter enthusiastisch, *»seit einer halben Stunde gilt in Berlin der Ausnahmezustand, sowjetische Panzer rollen durch die Stadt, inzwischen sind aber auch Tausende Häftlinge durch den beispiellosen Mut der Bevölkerung, die unerschrocken Gefängnisse und Polizeidienststellen besetzt hat, in Freiheit. Soeben hören wir aus Halle, dass Volkspolizisten auf dem Hof*

einer Haftanstalt des MfS auf Aufständische schießen.
Das Zuchthaus in der Kleinen Steinstraße konnte aber
erfolgreich erstürmt werden. Wir befragen Demons-
tranten, die nicht zurückschrecken vor der Willkür der
sowjetischen Truppen.«

Aufgewühlte Stimmen tönten durcheinander.
Demonstrationszug durch halb Berlin ... Potsdamer
Platz ... Holzbuden in Brand gesetzt ... rote Fahnen
heruntergerissen ... Berliner Fahne gehisst ... Nein,
Deutschlandfahne ... Polizeiwache im Columbushaus
besetzt ... Munition an Westberliner Polizei übergeben
... Waffen selbst mitgenommen, um sich zu verteidigen
... wegrennen, überall rollen russische Panzer ... weiter-
kämpfen ... Verletzte humpeln über die Straßen ... Tote
mit zerquetschtem Kopf ... Scheißregierung!

Man fiel sich gegenseitig ins Wort, korrigierte,
ergänzte, mutmaßte, was noch geschehen könnte.

Hinrich drehte den Radioknopf willkürlich in die
eine, dann in die andere Richtung, bis er wieder klar
denken konnte und zum Vergleich Berlin II einstellte.
Der Sprecher schloss gerade seine Sendung über Iso-
tope ab, die Zeitansage ertönte und es wurde eine
Erklärung von Ministerpräsident Otto Grotewohl
angekündigt. Grotewohls Stimme klang überaus nüchtern. Er betonte, dass der Anlass für die Streiks in Berlin
mit der gestrigen Rücknahme der Normerhöhungen
nun weggefallen sei. Die darauffolgenden Unruhen
seien das Werk von Provokateuren und faschistischen
Kräften. Die Regierung fordere die Bevölkerung auf,
die notwendigen Maßnahmen zur Wiederherstellung
der Ordnung und des normalen Arbeitsverlaufs in den

Betrieben zu unterstützen und die Bedingungen dafür selbst zu schaffen. Die Arbeiter und ehrlichen Bürger würden aufgefordert, die Provokateure zu ergreifen und den Staatsorganen zu übergeben.

4

Als Marianne am Abend bei ihm klingelte, lauschte er
gerade den Berichten vom Brand des Columbushauses
und stellte sich die tiefschwarzen Rauchwolken über
Berlin vor.

Verschwitzt und vollkommen aufgelöst fiel Marianne auf einen Stuhl, trank hastig zwei Gläser Wasser
und streckte ihm ihre verdreckten Fußsohlen hin:

»Auf dem Rückweg von Berlin hatte ich einen Plat-
ten und musste laufen. Ohne Schuhe ging es schneller.«

Sie erzählte, sie sei als Genossin hingeschickt worden, um die Arbeiter zu Verhandlungen zu überreden.

Am frühen Nachmittag war auch in W. und vielen
anderen Städten der Ausnahmezustand verhängt worden. Es herrschte Kriegsrecht.

Hinrich machte Marianne eine Stulle, die sie
hinunterschlang; kauend sagte sie:

»Die Sowjets greifen mit aller Macht durch, als ob
die Arbeiter Faschisten wären. Panzer über Panzer,
aber die Leute sind nicht zurückgewichen oder weg-
gerannt, sondern waren wie im Fieber, pfiffen, schmis-
sen Steine, brüllten weiter Parolen, selbst als sie von
Volkspolizisten weggezerrt, über die Straße geschleift
wurden. Sogar als geschossen wurde. Ich dagegen
hatte nur Angst.«

Sie hat den Krieg nicht erlebt, dachte Hinrich. Die
Lage durfte sich auf keinen Fall zuspitzen, es musste
sich doch ein Weg finden, nur welcher? Natürlich
musste sich etwas ändern, aber wer würde das Zep-
ter führen, wenn man die Macht der Regierung, gar

der Sowjets aushebelte? Und wie sollte es weitergehen, wenn man den Protest einfach niederschlug, ohne sich ernsthaft mit den erhobenen Forderungen auseinanderzusetzen?

Draußen wurden Fahrradklingeln und Rufe seltener; ein Wanderfalke zog Kreise vor dem aschfarbenen Himmel.

Marianne drehte den Radioknopf zwischen RIAS und Berlin II hin und her, zwischen den beiden Polen, die im Sinne der jeweiligen Seite berichteten. Auf beiden Sendern wurde die nächtliche Ausgangssperre verkündet; selbst der RIAS rief dazu auf, diese Regelung zu befolgen.

»Bis morgen früh können wir nur abwarten«, sprach Hinrich sich selbst und Marianne beruhigend zu.

Marianne tappte auf leisen Sohlen zum Waschbecken, füllte die Blechschüssel auf und wusch mit Seife, Bürste und Frotteelappen gründlich ihre Füße. Erschöpft streckte sie sich auf Hinrichs Bett aus.

»Man hat den Beschäftigten befohlen, ihre Arbeit wieder aufzunehmen, weil das Werk sonst von Polizisten und sowjetischen Einheiten geräumt wird.«

Sie schloss die Augen, doch ihr Körper bewegte sich unablässig.

»Ich hatte keine Ahnung, wie unsere Arbeiter wirklich denken. Erst vor dem Werk wurde mir klar, dass die meisten weder unsere Partei noch unsere Regierung wollen. Ich dachte, es geht um die extremen Normerhöhungen, aber nicht nur einer rief, er habe dieses Land satt ... Warum haben wir die ganze Zeit nichts davon mitbekommen?«

Nachts lagen sie wach und redeten gegen ihre Ratlosigkeit und die unbegreifliche Stille an.

»Der Mann auf den Metallplatten – das war mein Vater«, sagte Hinrich tonlos.

Marianne rückte nah an ihn heran, nahm seine Hand und hielt sie fest, ganz ohne Druck. Ihre Hand kam ihm klein und dennoch stärker vor als seine eigene.

»Er hat drinnen weitergesprochen, nachvollziehbar und klug. Aber irgendwann hat man ihn niedergegrölt, weil er für die Beibehaltung der Oder-Neiße-Grenze war.«

»So voller Elan habe ich ihn lange nicht erlebt«, sagte Hinrich.

Polizisten fuhren die Gegend ab, und plötzlich hörten sie jemanden rennen, die hallenden Schritte klangen doppelt so laut wie sonst. Eine junge Frau wurde von einer Polizistin angehalten, ihre Stimmen, die eine verzweifelt und hoch, die andere tiefer, harsch, rigoros, ließen Hinrich und Marianne eine Weile verstummen. Schließlich kam eine Männerstimme hinzu, eine Autotür knallte und der Wagen fuhr davon.

Marianne legte sich mit dem ganzen Körper auf Hinrich, ehe sie sich aufrichtete, seine Pyjamahose ein Stück herunterzog und sich auf ihn setzte; ihre Bewegungen eilig und knapp, weder ungezähmt noch lieblos, sondern zielgerichtet um Entrücktheit ringend.

Nach fünf begannen sich die Straßen wieder zu füllen. Während Marianne vom Schlaf übermannt wurde, stand Hinrich auf und suchte am Radio nach

Wolframs Sender. Vergeblich. Gegen sechs weckte er Marianne, und sie hörten wieder abwechselnd den Ost- und den Westsender. Die Nachrichten konnten kaum unterschiedlicher sein. Während man im Osten verkündete, der faschistische Aggressor sei besiegt und die Ordnung schon jetzt weitgehend wieder hergestellt, rief man im Westen dazu auf, Denunzianten, die am Streik beteiligte Kollegen angezeigt hätten, dem Untersuchungsausschuss Freiheitlicher Juristen zu melden, damit sie später zur Verantwortung gezogen würden.

Träge glitten Regentropfen an den Fensterscheiben herab.

»Sollen wir heute arbeiten gehen?« Marianne trank ihren Kaffee in großen Schlucken.

Trotz des wenigen Schlafs waren sie beim Frühstück hellwach.

»Wir können die Schüler nicht sich selbst überlassen. Irgendwer muss sie doch durch das Chaos geleiten«, sagte Hinrich.

»Aber auch wir kennen die Richtung nicht.«

Früher hatten sie darauf vertraut, den richtigen Weg gemeinsam mit den Schülern und anderen Lehrern zu finden. Dann verfestigten sich die Fronten. War die Eruption vorhersehbar gewesen? Jetzt schienen die Fronten härter denn je. Oder hatte die mächtigere Front die schwächere schon überrollt, mit schweren Geschützen niedergewalzt?

Vor der Haustür spannte Hinrich seinen Schirm auf, reichte Marianne den Arm und sie liefen zur Schule. Viele Leute aus dem Ort, die sie von täglichen

Gängen kannten, strebten wieder ihren Arbeitsstätten zu, aber im Schwermaschinenwerk wurde trotz einiger Verhaftungen nach wie vor gestreikt.

Wie eine dunkle, amorphe, vom Regen niedergedrückte Masse eilten die Passanten unter ihren Schirmen die Straße entlang, die sich in der Ferne immer weiter zu verengen schien.

5

Vor Unterrichtsbeginn berief Effi Meister eine Versammlung ein, bei der sie alle Kollegen dazu aufforderte, nach dem *faschistischen Putsch* unverzüglich ihrer geregelten Arbeit nachzugehen. Sie hoffe, der Ausnahmezustand könne bald aufgehoben werden. Die Konsequenzen für Lehrer, die mit den Streikenden aktiv sympathisiert hätten, würden in den nächsten Tagen geklärt.

Während Gemurmel einsetzte, sagte Hinrich zu seinem eigenen Erstaunen:

»Ich finde es nicht in Ordnung, dass Polizisten auf unsere Arbeiter geschossen haben.«

Effi Meisters Blick ging durch ihn hindurch. Ohne jede Empörung, als wolle sie ausdrücken, sie habe nichts anderes von ihm erwartet, setzte sie zu einer Erwiderung an. Marianne kam ihr zuvor: »Genossin Meister, das waren keine Westberliner Agenten, sondern Arbeiter, denen Sabotage vorgeworfen wurde, wenn sie die Norm nicht schafften, Arbeiter, die sich von unserer Regierung verraten fühlen.«

Die Direktorin ließ sich nicht aus der Ruhe bringen: »Die Randalierer sind eindeutig zu weit gegangen. Fahnen herunterreißen, gesetzlich verurteilte Verbrecher befreien, Häuser anzünden? Man musste ihnen sofort Einhalt gebieten, sie mit wirksamen Mitteln zur Ordnung rufen.« Beiläufig spielte sie an einem Knopf ihrer cremefarbenen Bluse. Dann zog sie ihre Hand schroff zurück und drückte beide Arme seitlich am Körper durch.

»Das ist alles für heute.«

Jetzt wirkte sie verstimmt, als sei sie unzufrieden, auf Mariannes Äußerung überhaupt eingegangen zu sein, als wäre die Lage diskutabel, gäbe es etwas zu rechtfertigen, wäre nicht von vornherein klar, wer recht und wer unrecht hatte. Im Lehrerzimmer flirrte die Luft, die Lehrerschaft hielt sich zurück, ehe der Sportlehrer, ein drahtiger, etwa fünfzigjähriger Mann mit bläulicher Narbe über einer Augenbraue, sagte:

»Ohne die Panzer hätten wir das nicht geschafft. Den Feind muss man mit allen Mitteln bekämpfen.«

Diese Sprache kam Hinrich bekannt vor. Stille breitete sich aus, die Spannung wich einer seltsamen Verlegenheit, bis Marianne mit der Faust auf den Tisch schlug und aufsprang: »Ich trete hier und jetzt aus der SED aus.«

Sie atmete tief durch und blickte jeden Einzelnen an, auch diejenigen, die sie nicht sehen konnten. Schließlich lenkte sie ihren Blick zum Landschaftsgemälde, von dort zu Piecks Porträt, als wolle sie sich von ihm verabschieden, und verließ wortlos das Lehrerzimmer.

Hinrichs Gesicht hellte sich auf, als er ins Klassenzimmer trat und Antje an ihrem Platz sitzen sah. Obwohl kaum zwei oder drei Wochen seit ihrer letzten Begegnung vergangen waren, wirkte sie viel erwachsener, ihr Gesicht schmaler, ernster, und sie trug kein pastellfarbenes oder geblümtes Kleid mehr, sondern eine weite hellrote Stoffhose, leuchtend und lässig um ihre Hüften, dazu eine kurzärmelige weiße Bluse.

Hatte sie noch eine Erinnerung an die Farbe Rot? Ihre Familie musste sie ihr zusätzlich beschrieben haben: so wie Erdbeeren schmecken, wie Hagebutten riechen oder wie die warme Flüssigkeit sich anfühlt, die aus dir rinnt, wenn du dich verletzt, oberflächlich verletzt, denn sonst wird sie dunkler, heißer, schleimiger ... Oder wie wenn du Mohnblüten berührst.

Wird sie mit ihnen diskutiert haben, als sie ihr sagten, dass die gestern heruntergerissenen Fahnen die gleiche Farbe hatten? Mehr als unwahrscheinlich, dass Antje Sympathie mit der Regierung bekunden oder sich anpassen wollte; vielmehr war sie klug genug, die mannigfaltigen Bedeutungen der Farbe Rot zu verteidigen. Und Hinrich wusste, wie eigenwillig sie sein konnte.

Auch sie nahm ihn sofort wahr, das spürte er, denn als er seine Tasche auf den Lehrertisch legte, ging sie unaufgefordert zu ihrer Schulbank. Den Kopf zwischen ihren Händen schien sie in den Raum hineinzuhorchen. Wollte sie erforschen, wie die neuen Geschehnisse auf ihn wirkten?

Fast alle Klassen waren heute wieder vollzählig – wobei von *vollzählig* bei ihrer winzigen Gruppe eigentlich nicht mehr die Rede sein konnte. Nur wenig erinnerte an gestern, doch die letzten Radionachrichten spukten unaufhörlich in Hinrichs Kopf herum. In zahllosen Städten, verkündete der RIAS, gingen die Streiks weiter, während sie in anderen gerade erst begannen, und Berlin II berichtete, dass sowjetische Standgerichte erste Todesurteile fällten, gar vollstreckten.

Mitten im Unterricht schwindelte es Hinrich, weil er einen Moment zu lange aus dem Fenster geblickt hatte, auf das dichte Grün des Waldes. Er sah Albert überdeutlich vor sich, seine verbundenen Augen, den abgemagerten Leib. Hatte er sich aufgebäumt, ehe er starb? Ehe ihm das Leben genommen wurde? Hinrich versuchte fieberhaft, sich zu erinnern. Das Leben genommen, auch von ihm, seinem Freund ...

Er setzte sich auf den Lehrerstuhl und sprach mechanisch weiter, doch sein Bein zitterte so stark, dass die Ferse rhythmisch gegen den Boden schlug.

»Was ist das?«, fragte Georg irritiert.

»Nichts«, sagte Hinrich gereizt, erhob sich und stürzte aus dem Klassenzimmer. Auf dem Hof lief er auf und ab, ließ den Blick über Eichen, Buchen und Ahorn schweifen, sog den Geruch der Linden ein. Dann rief er sich, mit den Fingerkuppen gegen seine Schläfen pochend, gleichsam zur Ordnung, dachte an den Unterrichtsstoff und kehrte zurück.

»Liegt es an gestern?«, fragte Fred, »es ist doch alles noch mal gut gegangen.«

Georg und Antje schwiegen.

»Wir werden sehen«, erwiderte Hinrich matt.

»Nur durch ein Wunder«, meinte Antje trocken.

Hinrich stutzte; über den gestrigen Ereignissen hatte er fast vergessen, mit welch besonderen jungen Menschen er arbeitete. Das frühsommerliche Licht fiel schräg auf die Schulbänke, auf Kratzer, Einkerbungen und winzige Löcher im Holz. Die Wangen von der Wärme gerötet, strichen sich die Jungen das in die Stirn fallende strähnige Haar, glatt bei Georg, lockig bei Fred, umständlich nach hinten und stöhnten genervt auf, wenn es ihnen zwei Minuten später wieder über die Nase fiel. Lange würden die Eltern ihrem Wunsch, die Haare wachsen zu lassen, nicht mehr nachkommen, das wusste Hinrich.

Statt mit dem Unterrichtsstoff fortzufahren, sagte er:

»Ich habe euch nie gefragt, wovon ihr träumt.«

Georgs Antwort ließ nicht lange auf sich warten:

»Ich stoße im Traum oft gegen etwas Hartes und Kaltes, etwas Gefurchtes aus Stein, pralle verletzt zurück, versuche daran vorbeizukommen, aber weil es überall nach heißem Teer riecht, kann jeder Schritt falsch sein, ich kann festkleben, und die Stimmen, die mich rufen, sagen tausend verschiedene Sachen: *Komm auf die andere Seite, klettere drüber, geh nicht weiter, spring in den Teer,* ...

Stockend sagte Antje:

»Im Schlaf ist alles wirr. Klingeln, Klopfen, Zetern, Schreie von Tieren, es duftet und stinkt, ich berühre Spitzes und Weiches, fühle mich behütet, erschrecke mich zu Tode, lache auf. Meine Orientierung ist eine völlig andere, mal bin ich verloren und voller Angst, mal gleite ich schwerelos über die Wege und alle Hindernisse weichen von selbst zurück.«

Die Schüler sprachen undeutlicher als sonst. Hatten sie jemals untereinander darüber geredet? Dass sie sich ihm anvertrauten und den Mut hatten, einander so Intimes zu erzählen, machte ihn froh und beschämte ihn. Besonders Antje hätte doch jeden Grund, sich vor ihm zu verschließen.

»Ich rieche manchmal meine Mutter, sie duftet nach Seife und Putzmittel, auch nach Waldluft, und dann plötzlich nach scharfer Medizin«, sagte Fred.

»Und tagsüber?«, fragte Hinrich übergangslos.

Georg grinste und Fred sagte verlegen:

»Antje zuerst.«

»Feiglinge!«, konterte Antje barsch und zugleich belustigt, vielleicht aber auch um Zeit zu gewinnen oder ihre eigene Unsicherheit zu überspielen.

»Also … vom Verreisen zum Beispiel, öfter rauskommen aus der Kleinstadt, ans Meer fahren, durch den warmen Sand laufen.« Sie unterbrach sich.

»Sich im Sand wälzen«, feixte Georg unbedarft, als ob kein Lehrer im Raum wäre.

»Man kann dich nicht ernst nehmen«, entgegnete Fred, bemüht, nicht mitzulachen.

Er zögerte und fügte hinzu:

»Mal einen Tag sehen können – und dann entscheiden, ob für länger.«

Stille, nur kurz.

»Alles lesen können.«

»Hofarbeit abschaffen.«

»Einen Tag lang nichts anderes als Wurst essen.«

»Deutscher Fußballmeister werden.«

»Weiche, federnde Turnschuhe kaufen – oder schicken lassen.«

»Meine Eltern manchmal auf den Mond schießen.«

»Zum Mond fliegen, zur Sonne, ins Erdinnere.«

»Mit einer Frau tanzen, die nach Lindenblüten riecht.«

»Die eine schöne Stimme hat.«

»Kiloweise Butter statt Krieg.«

»Eine Nacht Party auf dem Schulhof.«

»Ich würde gerne mit Wolfram ...«

Antje verlängerte das *m* zu einem summenden Laut, ehe sie abrupt verstummte. Alle drei schwiegen betreten. Georg trommelte mit den Fingerspitzen gegen seine Stirn, und wenn er dabei auf Haare traf, zog er so lange daran, bis einzelne Strähnen ausgerissen wurden.

»Ein eigener Radioapparat wäre toll«, ließ Antje dann verlauten.

Die beiden Jungen brummten etwas Unverständliches, bevor sich mit dem Klingeln die Beklemmung löste.

In der kleinen Pause stellten sich die drei im Gang nebeneinander ans geöffnete Fenster, das auf den blühenden Schulhof ging. Die Arme auf das Sims gestützt hielten sie ihre Gesichter genießerisch in die Vormittagssonne und sprachen endlich wieder über Radios. Fred meinte, er habe mitbekommen, dass viele in diesen Tagen RIAS hörten.

Antje, zwischen den beiden Jungen, sagte nachdrücklich:

»Man braucht eine ganz andere Art von Radio, unabhängig, eines, bei dem jeder mitmachen kann.«

Daran erschien Fred sehr interessiert: »Gibt es so etwas irgendwo?«

Hinrich schluckte. Wusste Antje, was sie riskierte? Ohne Zweifel war er nicht der Einzige, der gestern ihren Sender gehört hatte ...

»Das musst du schon selbst bauen«, erwiderte Antje.

Sie wandte sich um, lehnte sich gelassen, aber nicht ohne Körperspannung gegen das Sims, das Gesicht brennend rot von der Sonne.

»War nur Spinnerei, mein Opa war eben ein Bastler. Wir haben doch ein tolles Radio hier in unserem Land.«

6

In den folgenden Tagen häuften sich die Nachrichten von Todesurteilen, bei den Protesten Erschossenen und Verhafteten.

Um den Vater besorgt, machte Hinrich sich eilig auf den Weg zu den Eltern. Obwohl es schon später Nachmittag war, traf er sie zu Hause nicht an.

Am Morgen hatte es lange gewittert, nun war die Sonne zurückgekehrt. Er setzte sich auf die heißen Stufen vor ihrem Wohnblock, strich sich den Schweiß von der Stirn, lüftete sein hellblaues Hemd. Zumindest die Mutter musste doch irgendwann von der Arbeit kommen. Oder war sie auf dem Weg zum Gefängnis, um den Vater zu sehen, der ganz sicher – wie damals beim Hören des Weihnachtskonzerts – der Überzeugung war, das Richtige getan zu haben?

Während Hinrich wartete, zog sich das Licht allmählich vom kräftigen, mit bunten Blüten gesprenkelten Gras, den wenigen runden, geduckten Bäumen entlang der blassbraunen Häuserfront zurück. Dann saß er vollständig im Schatten, schwitzte aber nach wie vor. Aus Angst um den Vater? Die Nachbarn, versteckt hinter Gardinen oder am offenen Fenster, schauten manchmal, ob er noch da war, und ab und an lief jemand mit neugierigem Blick vorüber.

Er sah sie von Weitem. Die kleine, dünne Gestalt der Mutter vorneweg, die sich aufrecht und zielstrebig dem Haus näherte; der Vater trottete auf dem buckligen grauen Gehweg hinterher. Beide trugen volle geblümte Dederonbeutel. Hinrich stand auf, ging der Mutter leichtfüßig entgegen, nahm ihr die Taschen ab.

Drinnen half er ihr beim Auspacken, räumte Käse, Kartoffeln, ein paar gelbe Rüben sorgfältig in die Speisekammer und pfiff, wie von einer schweren Last befreit, eine einfache Melodie vor sich hin. Grundlos hatte er sich Sorgen gemacht!

Obwohl er seinen Besuch nicht angekündigt hatte, war die Wohnung ordentlich und geputzt.

»Hättste was gesagt, Junge«, meinte die Mutter, »dann hätte ich gebacken. Andererseits ... ohne Butter schmeckt der Kuchen nicht richtig.«

Der Vater ließ seine Taschen auf den glatten Steinboden in der Küche fallen und rief, die Zigarette schon im Mund, aus dem Wohnzimmer herüber: »Wird wieder besser werden, hat der Grotewohl ja im Radio gesagt. Fleisch und Milch sind schon billiger geworden.« Vertrauensvoll und gelassen sein Tonfall. Als Hinrich sich zu ihm setzte, warf der Vater kurz die Hand in die Luft und sagte: »Ich bin froh, dass wieder Ruhe eingezogen ist.« Den Ellbogen auf die weiße, mit einer kunstvollen Bordüre versehene Tischdecke gestützt, hielt er den Kopf beim Rauchen gesenkt und wippte mit dem Fuß auf dem Vinylboden.

Hinrich merkte, wie ihm das Blut in den Kopf stieg, es pochte in seinen Schläfen. Der Mann auf den Metallplatten und der Mann, der vor ihm saß: wie zwei verschiedene Menschen.

»Ich war auch beim Werk ...«

»Aber du bist Lehrer.«

Verständnislos blickte der Vater ihn an. Dann fuhr er fort:

»Mir hat nicht gefallen, wie manche Arbeiter unsere Ideen verraten haben. Wie sich alles verselbständigt hat, in ein komplettes Chaos hinein, noch nachdem die Normerhöhungen zurückgenommen worden waren.«

»Man kann nicht einfach alles niedermetzeln«, sagte Hinrich, so laut, dass der Mutter, die in der Küche hantierte, vor Schreck ein Besteckteil herunterfiel. Der Stuhl stürzte um, als er aufstand. Er wäre gern aus der Wohnung gelaufen, doch er wusste, wie sehr sich die Mutter über seinen Besuch freute.

»Aber der verrückte Pöbel darf das?«, sagte der Vater.

Wieso redete er so über seine Kollegen? Mit denen er gemeinsam demonstriert hatte, deren Fürsprecher er gewesen war?

»Das kannst du nicht vergleichen!«, entgegnete Hinrich heftig.

»Es war die einzige Lösung.«

Asche fiel auf die Tischdecke, weil der Vater vergessen hatte, an der Zigarette zu ziehen; er wischte sie mit bloßem Unterarm hinunter und sagte:

»Vor ein paar Jahren haben die Sowjets uns gerettet und jetzt wieder … Sonst hätte es noch viel mehr Tote gegeben.«

Aus der Küche drang das rumpelnde Geräusch der Handmühle, kurz darauf platzierte die Mutter Kanne, Tassen und Untertassen auf dem Tisch.

»Er steht im Betrieb fast allein da mit seiner Meinung«, sagte sie. Mit der Handkante strich sie die restliche Asche fort, rieb mehrmals über den grauen Fleck und holte eilig Besen und Kehrblech, um letzte Krümel vom Boden zu entfernen.

»Die hatten nie ein Buch in der Hand«, entgegnete der Vater, »haben kein höheres Ziel. Was die unter Freiheit verstehen, ist doch nur ein anderes Gefängnis. Dann werden auch sie so sehr Teil des Ganzen, dass sie die Unfreiheit nicht mehr erkennen. Mit dem Unterschied, dass dann wieder die alten Nazis das Sagen haben.«

»Unsere Kollegen sind nicht dumm«, sagte die Mutter. »Bei manchen ist nach den letzten Arbeitsmonaten einfach etwas explodiert. Viele hassen die Russen, wollen nicht begreifen, was der deutsche Überfall für sie bedeutete, sondern sehen nur ihr eigenes Unglück. Für sie sind die Russen daran schuld, dass sie flüchten mussten, dass sie ihr Hab und Gut verloren haben.«

Als die Mutter einschenkte, setzte Hinrich sich widerstrebend ein zweites Mal an den Tisch. Der Vater blickte nicht auf, trank schweigend und in großen Schlucken den Kaffee, den die Mutter ihm vermutlich jeden Nachmittag wie selbstverständlich servierte.

Weder bemühte er sich, Hinrich von seiner Meinung zu überzeugen, noch interessierten ihn seine Einwände. Plötzlich stieß Hinrich seine Selbstgewissheit ab.

Er spürte die kühle Hand der Mutter auf seiner.

»Kommst du in der Schule zurecht?«

Erst jetzt, als das Abendlicht auf ihre dunklen Augen und schlaffen, im Gegensatz zu ihrem Körper noch immer weichen Wangen schien, bemerkte er, dass die verschlissenen gelblichen Gardinen ein Stück beiseite gezogen waren.

Schon in seiner Kindheit hatten sie diese Färbung gehabt; sie waren das Einzige in der Wohnung, was nie ganz sauber wurde.

»Erzähl doch mal ein bisschen«, forderte die Mutter ihn auf.

Er berichtete von Fred und seiner Angst vor einem erneuten Krieg. Sie hörte still zu, und je ausführlicher er erzählte, desto mehr rückte sie innerlich fort und versank in ihren eigenen Gedanken.

Der Vater blätterte unaufmerksam in einem Buch.

Hinrich stand auf, hob flüchtig die Hand zum Gruß und schmetterte die Wohnungstür zu. Sofort öffneten sich andere Türen im Haus, und als er auf die Straße trat, sah er die Nachbarn am Fenster.

Einen Augenblick lang tat ihm die Mutter leid, aber diese Empfindung schwand rasch.

7

Effi Meister bestellte mehrere Lehrer nacheinander ein; einer wurde entlassen, ein anderer wenig später festgenommen. Bevor Hinrich und Marianne das Schulgebäude betraten, blickten sie sich jedes Mal aufs Neue an: Heute? Würde einer von beiden sich heute verantworten müssen?

Der Gedanke an das Untergrundradio ließ Hinrich nicht los, doch da er Antje nicht in der Schule danach fragen konnte, fuhr er an einem Sonntag nach Berlin. Die Menschen in der S-Bahn waren fröhlich und gelöst, das Wochenende bedeutete Freizeit, Gelegenheit für Ausflüge in die sommerliche Landschaft. Ihre Stimmen schwirrten durcheinander; einige waren zum Wannsee unterwegs und nahmen den umständlichen Weg gelassen in Kauf. *Nimm dein kleines Schwesterlein / und dann nüscht wie raus nach Wannsee*, trällerte ein Mädchen, während seine Mutter vergeblich versuchte, es zum Schweigen zu bringen. Schließlich drückte sie ihre kräftige, von dicken Adern durchzogene Hand auf Mund und Nase des Kindes, sodass es zu zappeln, mit Armen und Beinen zu rudern begann, und als die Mutter ihre Hand fortnahm, schnappte es stumm nach Luft, setzte sich aufrecht hin und sah erstarrt und verletzt aus dem Fenster.

Draußen flirrte die Luft über den gelben Feldern, den graubraunen und rötlichen Häusern, den kleinen, verwilderten Gärten voller Wiesenblumen. Die Sommerferien nahten. Doch wie sollte man Pläne schmieden, wenn unklar war, ob man morgen noch dieselbe Arbeit machen, dasselbe Zimmer bewohnen, verreisen, eigene Entscheidungen treffen konnte?

Der Kellerraum war leergeräumt. Mörtelreste auf dem grauen Boden, Spinnweben in den Ecken und der kleine, schmutzige Tisch – mehr war nicht zurückgeblieben. Im schmalen Lichtstrahl tanzten Staubkörner.

Hinrich verharrte auf der Schwelle. Eine Empfindung, als wanderte ein Stück Metall durch seinen Körper, vom Rücken aufwärts über den Nacken bis zum Hinterkopf, wo es zu einem kurzen Stromschlag kam. Er gab einen unkontrollierten hohen Laut von sich. Um jeden Preis hätte er es ihnen ausreden müssen! Die Beine versagten ihm, er setzte sich auf den Boden, legte die Arme schützend um seinen Kopf.

Wenn sie herausfänden, wer die Anlage gebaut hatte, würden sie Antje und Wolfram in den Jugendwerkhof stecken. Jeden in einen anderen, so viel war klar. Falls sie nicht eine härtere Bestrafung erwartete. Wie auch immer: Sie würden zerbrechen.

Vielleicht haben sie den Raum selbst geräumt ..., dachte Hinrich unvermittelt. Atemlos prüfte er, ob sie wirklich jede noch so winzige Glasscherbe, jedes dünne Drahtstück, jeden Metallsplitter beseitigt, alle Spuren von Flüssigkeiten vernichtet, jeden Schuhabdruck unkenntlich gemacht hatten. Tatsächlich sah er ein verwischtes Muster in der feinen Staubschicht. Rasch fuhr er mit seinem Schuh darüber, und nachdem er mit einem Sprung zur Tür gelangt war, erkannte er in der Raummitte deutlich seine eigenen Schuhabdrücke. Er blickte den Gang hinab, ohne einen Besen oder ein ähnliches Gerät zu entdecken. Mit einem Mal lächelte er: *Er* würde die jungen Menschen beschützen mit Spuren, die zu ihm führten. Er hatte das Radioprojekt ins Leben gerufen, es war mühelos vorstellbar, dass er es nicht einfach so aufgegeben hatte. Albert, Weiler, Antje, Wolfram – er stand in ihrer aller Schuld. Erhobenen Hauptes, mit kräftigen Schritten und seltsam erleichtert ging er zum Kellerausgang.

Sie sei zu müde, um heute Abend auszugehen, sagte Marianne am Montag nach der Schule.

»Zum See?«, fragte Hinrich.

Marianne schüttelte den Kopf: »Lieber in den Wald, etwas Kühle tut mir gut.«

Während sie an der Stelle vorüberschlenderten, wo Marianne ihm von Gustav Weilers Tod erzählt hatte, blickten beide aus dem Augenwinkel auf Moos und Baumwurzeln.

Als er vom leeren Kellerraum erzählte, versuchte Marianne, ihm die Angst zu nehmen: »In den letzten Tagen gab es anderes zu tun, als Ruinen zu durchstöbern.«

Sagte sie dies, weil sie von der Schulleitung noch immer nicht vorgeladen worden waren?

Hinrich widersprach: »Gerade jetzt wird jede unliebsame Spur verfolgt, alles ganz genau durchsucht, damit niemand mehr wagt aufzubegehren.«

Sie rätselten über die Gründe dafür, dass Effi Meister sie warten ließ: Wusste man nicht, wie mit Marianne, einer lange Zeit zuverlässigen Genossin, umzugehen sei? Spannte man sie absichtlich auf die Folter? Waren sie so unbedeutende *Provokateure*, dass sie in den Hintergrund, ans Ende einer langen Liste rückten, oder waren, im Gegenteil, ihre beiden Fälle so wichtig, dass dafür mehr Zeit benötigt wurde?

Auf einer kleinen Schneise blinzelte Marianne in die Sonne, schirmte ihre Augen elegant mit einer Hand gegen das noch kräftige Licht ab und sagte: »Ich bin schwanger.« Sie nahm die Hand herunter und blickte ihn offen und direkt an.

Eine Flut von Gedanken machte ihn stumm. Jetzt? In diesen Zeiten? Hier? An diesem Ort? Es war das Schönste, Schlimmste und Selbstverständlichste, das Schwerste, Heiterste und Ernsteste, das Unbegreiflichste, Alltäglichste und Beunruhigendste … Noch immer sah sie ihn an, abwartend, vielleicht erwartungsvoll, während unwillkürliche Bewegungen sein Gesicht zu verzerren schienen. Dann schluckte sie, nickte enttäuscht, senkte den Blick.

Endlich beteuerte er, dass er sich freue, und schloss sie in die Arme, doch ihr Körper blieb steif.

Sie suchte einen schattigen Pfad, um ihren Spaziergang fortzusetzen, aber der Weg endete hier; sie kehrten um.

»Ich weiß selbst nicht, ob ich jetzt ein Kind will.« Ihre Unsicherheit war echt, auch ihr leiser Trotz.

»Ob ich jemals ein Kind will.«

Er schwieg, wartete kurz, ob sie »ein Kind mit dir will« hinzufügen würde; dann wiederholte er, dass er sich wirklich freue, hastig fortfahrend, dass er sich eine Familie mit ihr wünsche, seine und bestimmt auch ihre Eltern darüber sehr glücklich wären und dass Menschen schon immer Kinder bekommen hätten, in leichten ebenso wie in schweren Zeiten. Er versuchte, ihr zu erklären, was im ersten Moment in ihm vorgegangen war, doch es blieb nur eine hilflose Wut auf ihn selbst, als er erkannte, dass er wohl nichts wiedergutmachen konnte.

Sie kamen in der blaugrauen Dämmerung bei Mariannes Haus an, die Haut an Hals und Armen von einem dünnen, getrockneten Schweißfilm überzogen, auf den sich zuletzt der Staub von Feldern gelegt hatte.

Ohne Kuss verabschiedeten sie sich. Nach ein paar Metern drehte Hinrich sich um; Marianne stand im Türrahmen und winkte ihm nach.

8

Als er am letzten Schultag in Effi Meisters Büro
gerufen wurde, machte er einen Umweg über den Hof,
um kurz durchzuatmen und einen frischen Luftzug
zu spüren, ehe die mittägliche Hitze die Kleinstadt in
einen Dämmerzustand versetzen würde.

Er klopfte an und trat ins Direktorenzimmer. Jahn
wirkte weitaus hagerer, sein Schnurrbart dichter und
kürzer als bei Weilers Begräbnis. Besonders sorgfältig
in einen adretten dunkelblauen Anzug gekleidet, das
dünne graue Haar zum Seitenscheitel frisiert, scherzte
er mit Effi Meister, schmunzelte auf eine Weise, die
Helligkeit in sein Gesicht zauberte. Es war das erste
Mal, dass Hinrich ihn lächeln sah. Jahn zog einen Stuhl
vom Tisch zurück und bereitete Effi Meister charmant
den Sitzplatz. Auch Effi Meister zeigte spitzbübische
Grübchen, während sie ihm mit einem Kopfneigen
dankte, sich setzte und ihren für die Jahreszeit viel zu
dicken Rock glättete. In ihren verschwörerischen Blicken schien jedoch noch etwas anderes als Zuneigung
zu liegen.

Hinrich hatte den kleinen Raum im letzten halben Jahr ein einziges Mal betreten, aber ohne sich
genauer umzuschauen. Nur wenig erinnerte an Weilers
Direktorenzeit. Einige dunkle Möbel und die filigrane
Schreibtischlampe, den Lampenhals im selben Winkel
gebogen, befanden sich an ihrem früheren Platz; Leibniz' Porträt fehlte. Auf dem Tisch herrschte penible
Ordnung, im Regal reihten sich alle Aktenordner
akkurat und lückenlos aneinander, und die mageren

Holzstühle standen im gleichen Abstand zur geraden Kante des Versammlungstischs.

Draußen vor dem Fenster grünte der Ahornbaum. Im letzten Herbst hatte einer der sehenden Lehrer Flügelfrüchte von den Zweigen gezupft und sie seinen Schülern aus der Unterstufe in die Hand gedrückt. Kichernd und dennoch konzentriert klebten sie sich die Früchte auf die Nasen.

Jahn deutete förmlich auf einen zweiten Stuhl.

»Als Kollegen duzen wir uns«, sagte Effi Meister, und nickte erst Jahn, dann Hinrich zu, »und außerdem bist du noch immer Kandidat der SED.«

Hinrich wunderte sich, dass kein Vertreter der Staatssicherheit anwesend war. Jahn bückte sich vor dem Regal, wobei sein Hemd aus der Hose rutschte. Das Hemd in den Bund stopfend ging er in die Hocke und zog hinter einigen Ordnern ein nagelneues Tonbandgerät hervor. Effi Meister beobachtete seine Bewegungen mit sezierendem Blick und Hinrich dachte: Selbst wenn sie spürte, dass Jahn jemand fehlt, der sich ab und an um ihn kümmert, zöge sie niemals in Betracht, dieser Mensch zu werden. Oder täuschte er sich? Effi Meister nahm behutsam das Gerät entgegen und stellte es zwischen sie.

»So können wir unser Gespräch besser festhalten«, sagte sie ruhig. »Seit Januar hast du dir nichts mehr zuschulden kommen lassen, hast deine Aufgaben stets erfüllt, deine Berichte pünktlich abgeliefert, dich an unsere Vereinbarungen gehalten.«

Beide sahen ihn an, als wäre er ein Einser-Schüler, der sich nun zum zweiten Mal unvernünftig verhalten hatte.

»Und jetzt begibst du dich auf die Seite der faschistischen Provokateure – ein Kapitel, mit dem du endgültig abschließen wolltest. Was hat jemand wie du auf einer solchen Demonstration zu suchen? Unsere Leute schlafen nicht«, sagte Jahn.

Unsere Leute.

Hinrich blickte abweisend aus dem Fenster. Zwei jüngere Schülerinnen liefen, einander untergehakt, zum Tor und halfen sich gegenseitig, den Weg nicht zu verfehlen. Eine von beiden weinte, humpelte, schwankte; vielleicht war sie verletzt, doch er konnte keine Blessur erkennen.

Effi Meister unterbrach das Verhör. Hinrich beobachtete, wie sie draußen mit den Mädchen sprach; freundliche Züge um den Mund, bemühte sie sich offenbar, die Weinende zu trösten, ehe sie die beiden zum Ausgang führte. Zurück schritt sie wie ein Soldat.

In dunkelblauem Rock, weißer Bluse, schwarzem Tuch mit braunem Knoten – so sah Hinrich sie jäh vor seinem geistigen Auge. Den Gürtel fest geschnürt. Im Block singend.

Eine Trommel geht in Deutschland um / und der sie schlägt, der führt, / und die ihm folgen, folgen stumm, / sie sind von ihm gekürt. // Sie schwören ihm den Fahnenschwur, / Gefolgschaft und Gericht, / er wirbelt ihres Schicksals Spur / mit ehernem Gesicht. // Er schreitet hart der Sonne zu / mit angespannter Kraft. / Seine Trommel, Deutschland, das bist du! / Volk, werde Leidenschaft!

Hätte sie Jahn ins Gefängnis gebracht, wenn sie zehn Jahre älter gewesen wäre? Hätte sie sich bloß angepasst oder gar das Land verlassen? Und er selbst? Fast dreißig Jahre trennten sie und Hinrich von Jahn. Würde Jahn bald aufsteigen, Karriere machen, vielleicht sogar bei der Staatssicherheit?

Sollte Hinrich sich erneut rechtfertigen? Es war stickig und schwül im Raum, er schwitzte am ganzen Körper und es gelang ihm kaum noch, einen klaren Gedanken zu fassen. Als er darum bat, ein Fenster zu öffnen, klingelte es zur Hofpause und Effi Meister schüttelte, die Augen kurz geschlossen, den Kopf.

Das Tonbandgerät schnurrte. Während sie seltsam geduldig auf seine Antwort warteten, blinzelten sie einander zu. Einmal berührte Jahn Effi Meisters Hand, mit der sie sogleich nach einem Stift griff, obwohl es nichts zu notieren gab. Hinrich lauschte auf das gleichmäßige Rauschen des Tonbands, bis Effi Meister sagte:

»Mir ist zu Ohren gekommen, dass eine deiner Schülerinnen, die sich – wie wir drei wissen – schon einmal politisch auffällig verhalten hat, von einem antisozialistischen Radio träumt – es vielleicht sogar schon entwickelt hat.«

Hinrich tat überrascht und sagte:

»Deshalb ist Silvias Familie ja in den Westen gegangen. In der Tat wäre aus Silvia keine sozialistische Persönlichkeit geworden.«

Fragend und mit einem Anflug von Zorn schaute Effi Meister zu Jahn, der fieberhaft zu überlegen schien, ob sein Sohn etwas verwechselt habe. Er winkte ab – beschloss, dem keine Beachtung zu schenken:

»Du riskierst Kopf und Kragen.«

Und schließlich, in sanfterem Tonfall:

»Wir bieten dir eine Zusammenarbeit an. Du verfasst deine Berichte wie bisher, nur engmaschiger und detaillierter, was bestimmte Personen betrifft. Im Gegenzug wirst du an der Schule bleiben können, und wir nehmen dich in Kürze in die Partei auf.«

Inmitten der Schüler schob Hinrich sich hinaus auf den Schulhof. Am Rand, auf dem neuen Fußballfeld, ballte sich eine laute und ungestüme Horde von Jungen und Mädchen zusammen, die lebhaft diskutierend die wenigen Spieler zweier Blindenmannschaften wählten. Der Sportlehrer stellte sich links ins Tor, die Englischlehrerin rechts. Sie stützten ihre Hände auf die Oberschenkel und folgten nach dem Anpfiff mit Blicken dem Ball, der innen kleine rasselnde Kügelchen hatte; so konnten die Spieler abschätzen, wo er sich gerade befand.

Ein kleines Probespiel, spontan und ohne ausgefeilte Regeln. Georg, Fred und Antje waren alle drei dabei. Hinrich stellte sich hinter das Tor des Sportlehrers und rief ihnen Anweisungen zu, und auch andere sehende Lehrer dirigierten die Spieler mit akustischen Zeichen über den Platz. Obwohl die Jugendlichen sich mit Rufen warnten, fiel ständig jemand hin, rappelte sich wieder auf, spielte weiter.

Doch wie geschickt sie dribbelten! Versunken in Beobachtungen vergaß Hinrich fast seine Zurufe, und als der Ball direkt vor ihm ins Tor rollte, ein kunstvoller Schuss von Antje, stand er sprachlos und glücklich da.

Während Fred ihr auf die Schulter klopfte und Georg sie übermütig umarmte, der Sportlehrer sich bückte und den Ball aus seiner Torecke holte, dachte Hinrich daran, wie Wolfram und Georg sich nach den letzten Sommerferien fröhlich und zuversichtlich begrüßt hatten – damals, vor fast einem Jahr.

9

Die Ferien hatten begonnen, und er wusste, dass in wenigen Wochen eine Antwort von ihm erwartet wurde.

Er fuhr nach Berlin und setzte sich dort, wo er sich im Frühling mit Wolfram getroffen hatte, auf die Reste einer Hausmauer. Falls der Junge nicht verreist war, würde er vielleicht irgendwann vorbeikommen.

Der Atem der Stadt ging langsamer und tiefer. Hinrich verharrte an der Kirchenruine, umkreiste sie einige Male, betrachtete genauer die großflächigen, kurz vor Kriegsende entstandenen Schäden außen und innen; man hatte erst angefangen, sie zu beseitigen. Weil auch das Dach zerstört war, stand er an einer Stelle unter freiem Himmel, umgeben von aufgeheiztem Gemäuer. Später blickte er immer wieder unruhig zur Straße hinüber. Nach mehreren Stunden machte er sich enttäuscht auf den Rückweg.

Als er am nächsten Tag wieder herkam, begann er darüber nachzudenken, wie der Wiederaufbau der Kirche vonstattengehen könnte, welche Arbeitskräfte und Materialien man dafür brauchte, er dachte über die notwendige Stärke der Balken und die Gestaltung der Wände nach, obwohl er gar keinen besonderen Bezug zur Religion hatte.

Täglich drängten sich die Leute in der S-Bahn. In Berlin erweiterte Hinrich stetig den Radius seiner Spaziergänge. Wer Urlaub hatte, verließ die große Stadt, wanderte über Land, fuhr an einen See, manche weiter gen Norden, zum Zelten an die Ostsee. Zurück blieben all jene, deren Arbeit unentbehrlich war oder die kein Geld hatten auftreiben können.

Ihm begegneten erschöpfte, schwitzende Verkäufer, Kellner, Händler, Taxifahrer, aber auch Kinder und Familien, die fröhlich Eis aßen, und Jugendliche, die in kleinen Gruppen ziellos durch die Straßen streunten oder mit Rucksäcken bepackt zum Bahnhof strebten. Er ließ sich einfach durch die an zahllosen Ecken zerstörte Stadt treiben, fühlte sich seltsam heimisch an diesem zerrütteten Ort, an dem vor Kurzem wieder Panzer aufgefahren waren, und vergaß mit jedem neuen Tag ein wenig mehr, weshalb er hier war.

Wenn er nach Hause kam, ließ er das Radio ausgeschaltet. An einem Samstag blieb er bis zum Abend in Berlin, nahm erneut die S-Bahn und stieg in einem belebten Viertel im Westteil der Stadt aus. Die Menschen strömten in die wiedereröffneten Lokale, Kinos und Theater; Leuchtschrift an noch immer zertrümmerten Fassaden mit Einschusslöchern ebenso wie an Gebäuden ohne nennenswerte Spuren, Schlangen bis auf die Straßen, Düfte, Rufe, Geplauder in der Luft.

Auch er hatte Lust auf Zerstreuung und betrachtete die Filmplakate vor einem Kino: *Don Camillo und Peppone*, *Zwölf Uhr mittags*, *Son of Ali Baba* und ein neuer Film, *Verbotene Spiele*. Zwei Kinder, die dabei waren, eine kleine Grube auszuheben; ein französischer Film.

Er dachte an Marianne, die er seit Tagen nicht gesehen hatte, und freute sich plötzlich in ungeahnter Heftigkeit auf das Kind.

Die anderen Filme hatten schon begonnen; er ging durch die noch offene Tür in den fast vollen Kinosaal und setzte sich in eine der hinteren Reihen. Langsam ging das Licht aus.

»Ich sehe überhaupt nichts!« – »Wollen wir die Plätze tauschen?« Zwei Stimmen, ironisches Kichern. Die Schiebermütze in der dritten Reihe, unverkennbar selbst im Dunkeln.

Als Filmmusik ein Gitarrenstück, im Wechsel heiter und melancholisch. Frankreich, Juni 1940. Bombenflieger, hastende, schreiende Menschen, Stille, weiterhasten, als die ersten Flieger vorüber sind. Eine Familie mit einem kleinen Mädchen und einem Hund, der sich loslöst und davonrennt. Das Mädchen hinterher, wieder Bomben – es trifft die Eltern.

Wolframs Arm auf der Lehne zwischen ihnen. Mit den Fingerspitzen strich Antje über seinen Puls, zur Beuge hinauf.

Für beide unsichtbar: Die kindliche Hand auf der Wange der toten Mutter. Was sie hörten: Pferdegetrappel, Autohupen, leichte Schritte auf Steinen, Flieger, rumpelnde Räder eines Karrens, Gitarrenklänge, Weinen. Auch die große entlaufene Kuh, vor der das Mädchen sich ängstigt, konnten Antje und Wolfram nicht sehen.

Eine Jungenstimme: »Konntest du sie nicht aufhalten?« Das Mädchen: »Ich hab doch den Hund.« – Der Junge: »Was ist mit dem los? – »Er ist tot.« – »Lass ihn hier, ich schenk dir einen andern.« – »Wie heißt du?« – »Michel.« – »Und du? – »Paulette.«

Die Mütze neigte sich und Wolfram lehnte seinen Kopf an Antjes Schulter. Antje versank im Kinostuhl.

Michels Familie, ältere und jüngere Stimmen: »Erzähl mal! Wo kommst du denn her? Hast du keinen Durst? ...« Paulette: »Was ist denn das?« – Die Stimme der Mutter. »Na, Gott. Hast du noch nie ein Kreuz gesehen?«

Eine alte Mühle, in der Paulette den Hund begraben will. Michel schlägt vor, einen Friedhof für tote Tiere anzulegen. Damit sie nicht so allein sind. Kreuze brauchen sie dafür. Paulette: »Ach so, der liebe Gott.« Beim Beten verwechselt sie die Reihenfolge der Sätze.

Antjes Kopf war nur noch halb zu sehen. Die beiden eng aneinandergerückt, Schulter an Schulter. Wolfram nahm die Mütze ab. Ihre Köpfe verschwanden. Antjes Arm, quer über der Lehne – ...

Michel stiehlt Kreuze vom Leichenwagen seines verstorbenen Bruders, ohne dass es jemand mitbekommt. Sein Vater beklagt sich beim Pfarrer. Auf dem Friedhof überlegen die Kinder, welche Kreuze für welche Tiere geeignet wären. »Für eine Katze!« – »Eine große, dicke!« – »Und das für eine Giraffe!«

Michel beichtet dem Pfarrer, dass er die Kreuze gestohlen hat, erzählt dem Vater, dass es die Nachbarn waren. Mit denen sie seit Jahren auf Kriegsfuß stehen. Michel und Paulette nehmen vom Friedhof noch mehr Kreuze mit. Die beiden Familienväter prügeln sich, bis der Pfarrer dazwischengeht und Michel verrät. Der flieht zum Tierfriedhof, betrachtet ruhig ein Tiergrab nach dem anderen, versteckt sich schließlich in der Scheune.

Ein paar Reihen vor Hinrich ein leiser Seufzer, kaum hörbar. Dann tauchten die beiden Köpfe wieder auf.

Als Michels Versteck auffliegt, verlangt der Vater zu erfahren, wo die Kreuze sind. Weil die Familie sie bezahlen müsste. Polizisten erscheinen – um Paulette ins Waisenhaus zu bringen. Michel: »Wenn ich sage, wo sie sind, darf sie dann bleiben?« Der Vater: »Schön, abgemacht.«

Doch Paulette wird mitgenommen. Zornig zerstört Michel den Tierfriedhof, wirft die Kreuze in den Bach. Paulette kommt zum Roten Kreuz, ruft dort ununterbrochen nach Michel. Gitarrenklänge, kurz und harmonisch.

Als es allmählich hell im Saal wurde. Flüstern, Rascheln, Quietschen, Stühleklappen einsetzten, richteten sie sich in den schmalen Sesseln auf. Sie schwiegen eine Weile und tasteten sich erst zum Gang vor, nachdem die meisten Gäste draußen waren.

Hinrich folgte ihnen; sie sprachen über den Film.

»Der Pfarrer hätte es für sich behalten sollen«, sagte Wolfram.

»Dann hätten die Familien sich die Köpfe eingeschlagen.«

»Aber Michel hatte sich ihm anvertraut.«

»Der Vater ist ein Schuft: sein Wort so zu brechen …«

»Na ja, die Familie war doch arm, und so viele Kinder … Ist nicht egal, ob man noch eins durchfüttern muss …«

»Paulette wird später bestimmt nach Michel suchen ...«

»Und ihn dann doch heiraten?«

Wieder der ironische Unterton – dann lachten beide.

Hinrich sah, dass sie ihre Haare über Stirn und Ohren etwas länger trugen, dieselbe lässige Frisur. Hand in Hand bewegten sie sich durch die Menschenmassen, inmitten derer ihre Worte allmählich von anderen Stimmen verschluckt wurden. Sie blieben nah an den Häusern und bemühten sich, den Passanten, die kaum auf sie achteten, auszuweichen. Als sie plötzlich innehielten und erneut diskutierten, lehnte Hinrich sich wenige Meter neben ihnen an eine Fassade und zog eine Zigarette aus der Packung.

Antje sprach über einen besonders aromatischen Duft, der aus einem Café kommen müsse: »... wie von frisch gerösteten Bohnen.« Um ihr die Freude daran nicht zu verderben, steckte Hinrich die Zigarette zurück. Wolfram durchwühlte seine Hosentaschen. Aber obwohl man in Westberlin überall mit DDR-Mark bezahlen konnte, hatten sie nicht mehr genügend Geld für einen Kaffee. Hinrich ging auf die beiden zu: »Ich lade euch ein.«

Jäh wich Wolfram zurück. Seine Stimme hatte er ganz sicher erkannt. Sie wollten ungestört sein, das sah Hinrich. Schließlich sagte Antje: »Gehen wir hinein.«

Hinrich klopfte das Herz, so froh war er darüber, sie unversehrt zu sehen, an diesem kleinen dunklen Ecktisch eines eleganten Kaffeehauses, und er las ihnen sämtliche Getränke von der Speisekarte vor, mit Milch und ohne, mit Alkohol und ohne. Antje wählte eine große Tasse schwarzen Kaffee, während Wolfram die Einladung mit rigorosem *Nein* ablehnte.

»Sie sind feige«, sagte er feindselig, »auch wegen Ihnen musste Antje von der Schule.«

Ohne darauf einzugehen, flüsterte Hinrich: »Der Keller ist leer.«

Antje nahm den ersten Schluck von ihrem Getränk, einen zweiten genussvoll hinterher und lächelte: »Wir sind ja nicht blöd.«

»Doch«, entgegnete Wolfram unversöhnlich, »wir waren mehr als nillig. Zu glauben, gegen die großen Radiosender etwas ausrichten zu können.«

Nillig. Hinrich schmunzelte über das Wort aus der Jugendsprache. Mit vor Wut hoher Stimme sagte Wolfram: »Niemand hat uns gehört, unsere Ideen sind einfach untergegangen im Lärm.«

»Ihr wart zu hören«, protestierte Hinrich.

Wolfram zog die Brauen hoch, freudiges Erstaunen, das rasch wieder verschwand: »Aber folgenlos.«

»Sei froh«, erwiderte Hinrich.

Im Hintergrund plätscherten die Melodien des Barpianisten, leise und eingängig.

»Möchtest du kosten?«, fragte Antje.

Wolfram schob ihre Tasse mit grober Gebärde von sich fort.

»Und den teuren Kaffee will ich auch nicht, weder von Ihnen noch von sonst jemandem bezahlt«, sagte er zu Hinrich.

»Aber es hat funktioniert, rein technisch gesehen«, sagte Antje und warf ihr Haar aus der Stirn.

»Wissen Sie einen Ort für uns?«

Sie gab nicht auf, kämpfte zäh weiter, und wenn Wolfram auch unwiderrufliche Entscheidungen traf, so war sie doch diejenige, deren Helligkeit nicht versiegte.

Als der Barpianist *As time goes by* zu spielen begann, sagte Wolfram:

»Warum kommt der Film, aus dem die Melodie stammt, nicht im Osten? In seiner ursprünglichen Version? Ich habe gehört, in der westdeutschen Fassung wurde die Handlung total verändert und es geht nicht mehr um den Krieg und die Nazis ...«

Er sprang verärgert auf, stieß aus Versehen Antjes halbleere Tasse um, stolperte, taumelte und stürzte zwischen Tischen und Stühlen auf den Boden. Am Nebentisch schreckten Gäste hoch, prüften ihre Garderobe auf Flecken, richteten dann Tassen und Teller. »Der arme Junge«, sagte eine ältere Frau und stieß ihre Nachbarin an: »Hilf ihm doch auf die Beine!« Hinrich beugte sich nieder, rascher als die Angesprochene, rascher auch als Antje, doch Wolfram schüttelte energisch seinen Oberkörper und setzte sich ohne Hilfe auf. Hinrich klopfte die Mütze ab und reichte sie ihm.

»Oh weh«, murmelte der schlaksige Kellner, als er, das Tablett auf einer Hand balancierend, an Wolfram vorüberglitt.

Wenig später kritzelte er Zahlen auf seinen Block und rechnete die Preise zusammen. Während Hinrich nach Münzen kramte und dem Kellner das abgezählte Geld in die Hand drückte, flüchteten Antje und Wolfram zur Tür.

Im Menschenstrom reckte Hinrich seinen Kopf, konnte die beiden aber nicht mehr entdecken.

10

Als hätte sie seit Stunden auf ihn gewartet, verharrte Marianne reglos am Kanal, dessen Wasser in diesem Frühsommer über die Ufer getreten war und das trotz einiger sehr heißer Tage noch immer ungewöhnlich hoch stand. Sie trug ein gelbes Sommerkleid und beobachtete andächtig einen Drosselrohrsänger, der auf einem hin- und herschwingenden Schilfrohr saß. An seinem lauten Gesang hatte Hinrich ihn erkannt; tiefe knarrende Töne und hohe zwitschernde wechselten einander ab.

Sie waren nicht verabredet, Hinrich aber auf dem Weg zu ihr; endlich hatte er den Mut dazu gefunden. Ihre Versunkenheit berührte ihn schmerzhaft: Zwar hatte sie, seitdem sie von der Schwangerschaft erzählt hatte, keinen Versuch mehr unternommen, ihn zu treffen, doch sie ging nahe seinem Haus spazieren.

Der Vogel schloss den Schnabel, blieb eine Weile still und Marianne folgte seinem Flug mit den Augen, bis er flussaufwärts im Schilf verschwand.

Um nicht aus Feigheit umzukehren, lief Hinrich raschen Schrittes auf sie zu. Ihre Stirn glänzte, sogar im Schatten der Bäume, und ihre Hände waren feucht. Sie küsste ihn, unerwartet zärtlich und zugewandt, ehe sie zum Ufer hinabstiegen. Marianne band wie beim Radfahren ihren Rock hoch, stützte sich auf Hinrich und zog ihre Sandalen aus; dann wateten sie durchs schlammige Wasser und genossen die Kühle um ihre Füße.

»Ich weiß jetzt, dass ich das Kind bekommen will«, sagte Marianne. »Vor ein paar Tagen habe ich bei dir geklingelt, doch du warst nicht da.«

Er erwähnte Berlin, aber nicht, dass er täglich in die Hauptstadt gefahren war.

»Sie könnten den Sender einfach in Westberlin aufbauen«, sagte Marianne, als er von Wolfram und Antje erzählte, »aber ich weiß nicht, ob sie das wollen. Hier im Osten müssen wir sie vor sich selbst schützen.«

In wenigen Worten skizzierte Hinrich, was sich zwischen ihm, Effi Meister und Jahn abgespielt hatte.

»Jetzt müssen wir fort«, sagte Marianne ruhig, als habe sie lange darüber nachgedacht.

»Ich sollte die Schule wechseln«, erwiderte Hinrich.

»Es würde nichts ändern«, sagte Marianne.

»Unser Kind soll in Westdeutschland aufwachsen?« Ungläubig runzelte er die Stirn. Dann verlor sich sein Blick in den Grünschattierungen der üppigen Bäume, die das Ufer säumten. Einige mächtige Baumkronen senkten sich schwer über den Kanal.

Der Grund wurde unebener, sie fanden mit den Füßen kaum noch Halt. Marianne eilte zielstrebig, den Oberkörper nach vorn geneigt, die kurze grasbewachsene Böschung hinauf und Hinrich folgte ihr.

»Natürlich nicht.«

Ihren Bewegungen war die Schwangerschaft nicht anzumerken, doch er meinte, eine winzige, ungewohnte Wölbung unter dem Kleid wahrzunehmen.

Lange schmale Schatten legten sich wie Begrenzungslinien quer über den staubigen Pfad. Im gleißenden Licht traten oberirdische Wurzeln hervor, noch deutlicher als sonst, gleich hölzernen Schlangen, die sich durch spärliches Gras auf ihn zubewegten.

War ihr manchmal übel? Spürte sie Veränderungen oder war die Schwangerschaft für sie noch etwas Abstraktes, so wie für ihn? Ehe er fragen konnte, sagte sie:

»Hier können wir nichts mehr bewirken, aber man braucht uns an anderen Orten der Welt.«

»Wo?«

»Algerien, Marokko, Tunesien zum Beispiel.«

»Als Frau – als Mutter …?«

Unbeirrt fuhr sie fort: »Vielleicht gibt es dort bessere Arbeitsmöglichkeiten für Frauen als in Westdeutschland.«

Hinrich zog zweifelnd die Brauen zusammen, doch Marianne sprach weiter:

»Eine Freundin meiner Mutter, die in Paris lebt, kam am 14. Juli an der Place de la Nation vorüber; es ging her wie am 17. Juni bei uns, nur dass die Demonstranten algerische Arbeiter waren, die gegen die Kolonialisierung aufbegehrten. Die französische Polizei war kaum milder als unsere.«

»Mit einem Kind in den Kampf ziehen?«

»Für ein Kind, für zwei Kinder oder drei oder alle.«

»Marianne, ich kenne den Krieg.«

»Krieg? Ich möchte an einem Ort leben, wo wir uns engagieren können.«

Ihr kühner Blick ging weit hinter die Felder, den Wald, viel weiter als der Kanal floss, und sie lief aufrecht, kein Zaudern mehr, als habe der Schmerz der letzten Monate sich in Kraft verwandelt, als habe sie bereits alle Brücken hinter sich abgebrochen.

»Ich kann hier auch nicht weiterarbeiten. Aber ebenso wenig kann ich fortgehen.« Seine Stimme klang schrill.

Sie wandte sich zu ihm um und nahm sein Gesicht in beide Hände: »Du trägst keine Verantwortung für das Leben deiner Schüler oder deiner Eltern, aber für dein Kind.«

Sein Kopf war unbeweglich zwischen ihren schmalen Händen, er mochte die sanfte, zugleich feste Berührung, und sie machte ihm Angst. Er versuchte, sich zu entwinden, dann überließ er sich ihrem Griff und Marianne zog ihn zu sich heran. Der Leinenstoff ihres Kleides war kühl und dicker als erwartet. Dennoch glaubte er das Baby schon zu spüren, das kaum wenige Zentimeter groß sein konnte, und auch Marianne schien an das Kind zu denken.

»Es wäre mir wie Aufgeben vorgekommen, es wegmachen zu lassen«, sagte sie leise.

Wo und wie hätte sie abgetrieben? Ein Abbruch stand doch seit drei Jahren wieder unter Strafe. Jetzt stellte er sich zum ersten Mal vor, wie sie hätte betteln und Geld auftreiben müssen, welchen gesundheitlichen Risiken sie ausgesetzt gewesen wäre.

Sie bogen ab und liefen gen Norden, bis in der Ferne die Schlote des Schwermaschinenwerks auftauchten. Die Produktion ging seit Wochen weiter, Walzwerkausrüstungen, Schmiedepressen, Schmiedemaschinen; trotz aller politischen Schwierigkeiten entwickelte sich die Industrie.

»Die Menschen sind arm in diesen Ländern«, sagte Hinrich nachdenklich.

»Was brauchen wir wirklich?«

Fröhlich tänzelte sie den Weg entlang, warf die Arme in die Luft und sagte: »Wir werden etwas dafür tun, dass die Algerier auch ohne die Franzosen eine gute Bildung erhalten, besonders die Frauen, ich werde Musik unterrichten, klassische Musik und Volkslieder und alte Gesänge, und Weltliteratur … Und du kannst deinen Traum vom Gemeinschaftsradio verwirklichen. Das ist wichtig im Unabhängigkeitskampf. Das Licht wird weiß sein jeden Tag.«

So einfach soll das gehen?, dachte er. Die einen wie die anderen werden uns als Eindringlinge empfinden. Ihr habt keine Religion, werden die einen sagen, ihr unterstützt den Rückschritt, die anderen. Und auf beiden Seiten werden viele sagen: Ihr seid Deutsche und habt den Weltkrieg begonnen.

Dann riss Mariannes Übermut ihn mit, er lachte und dachte: Vielleicht hat sie recht, vielleicht muss ich etwas Neues beginnen, noch einmal Erde betreten, die nach anderen Früchten riecht, eine eigene Familie gründen, Freunden begegnen, die eine fremde Sprache sprechen, diese Sprache zu meiner machen, zu unserer …

Aus den Industrietürmen stieg gleichmäßig Rauch auf und eine Gruppe älterer Schulkinder radelte an ihnen vorbei, anscheinend zum See.

»Auf einem Tandem möchte ich auch mal mit dir fahren«, sagte Marianne und deutete auf zwei Jungen, die der Gruppe in kurzem Abstand folgten. Hinrich erkannte Freds roten Schopf, ehe das Gefährt hinter einer Kurve verschwand.

Als sein Blick über das Land schweifte, die lichtesten Stunden des Tages waren vorüber, fühlte er sich stark genug für den Abschied von der vertrauten Umgebung.

»Ich habe noch ein Französisch-Wörterbuch aus meinem letzten Schuljahr in Mexiko. Das kann ich dir leihen, zum Lernen und Üben«, sagte Marianne.

11

Auf dem Gang begegnete er Effi Meister, sie grüßten sich, eine selbstverständliche Geste, und er meldete, dass Marianne an einer späten Sommergrippe erkrankt sei. Effi Meister, braungebrannt und ungewohnt fröhlich und entspannt, nahm es mit lässigem Kopfnicken zur Kenntnis, ohne ihn an seine Verpflichtungen zu erinnern. Vorerst, dachte er.

Kein Waldblick. Hinter der Fensterfront tauchte die rötliche Wand des Nachbarhauses auf. Im neuen Klassenzimmer saßen zwei Schüler, die er erst ein paar Mal auf dem Schulhof gesehen hatte. Sollte er sich ihnen zuwenden, Interesse heucheln?

Georg, zwischen den Reihen spazierend, war um einen halben Kopf gewachsen, Antjes Haar an den Schläfen von der Sonne gebleicht und Fred schlaksiger geworden.

»Keimfrei«, sagte er mit tiefer Stimme, ohne Krächzen inzwischen. »Ich war die ganzen Ferien keimfrei.«

»Herr Matuschek steht schon am Lehrertisch«, flüsterte Antje. Fred wurde rot.

»Das musst du mir übersetzen«, sagte Hinrich.

»›Sittsam‹ heißt das.« Georg grinste.

»Das will ich hoffen, Fred«, erwiderte Hinrich.

Während das so oft vernommene Klingeln überdeutlich und grell in seinen Ohren hallte, gingen die Schüler zu ihren Plätzen und schwatzten weiter.

Er wusste, was sie von ihm erwarteten: dass er sie nach ihren Sommerferien fragte, in das neue Schuljahr einführte, den Stundenplan erläuterte, gemeinsame Vorhaben mit ihnen besprach.

Allmählich wurden sie stiller.

Er blickte zu Boden und sagte: »Wie ihr wisst ... Wie ihr vielleicht noch nicht wisst ... Wart ihr in den Ferien verreist? Eine Reise kann sehr schön sein ... oder notwendig. Es liegt nicht an euch, wenn ich ...«

Langsam und furchtsam hob er den Blick. In gerader Linie vor ihm neigte Antje ihren Kopf und drückte die Fingerknöchel tief ins linke Auge. Alle saßen bewegungslos da und horchten auf das reibende Geräusch.

Er wusste, dass kleine sehbehinderte Kinder manchmal in ihren Augen bohrten, um im Gehirn einen optischen Reiz auszulösen, aber kein einziger seiner Schüler hatte es je in seiner Gegenwart gemacht. Eigentlich waren sie längst zu groß dafür. Vielleicht sah Antje jetzt kleine Sterne oder Blitze, rote, gelbe oder weiße, vielleicht aber auch grüne Kreise oder orange Spiralen.

Niemand regte sich oder sagte etwas, bis Fred sich erhob, kurz mit beiden Händen auf der Schulbank abstützte und in weitem Bogen um die Bänke herum auf Antje zustakte. Wortlos griff er nach ihrem Arm und führte ihn vom Auge fort. Keine Abwehr, keine fuchtelnden Hände, kein leiser oder schriller Schrei. Erschöpft hielt sie inne.

Hinrich wartete, bis Fred an seinen Platz zurückgekehrt war, dann setzte er sich auf den Lehrerstuhl und fragte ihn:

»Wie war es neulich am See?«

»Woher wissen Sie das?«

Freds Stimme schnellte erstaunt hoch.

»Auch Lehrer gehen manchmal spazieren.«

Fred sagte: »Ich war den ganzen Sommer über baden. Erst bin ich nur durch den schlammigen Grund gewatet, immer ein bisschen tiefer, und habe dabei die Fische um meine Beine gespürt, aber dann bin ich allein bis zur nächsten Badestelle geschwommen.«

Anerkennendes Raunen; Hinrich fragte auch die anderen nach ihren Erlebnissen. Während er mit halbem Ohr zuhörte, wanderte sein Blick durch Häuserwände hindurch zum Stadtrand, zu Mariannes Zimmer unterm Dach. Sorgsam entfernte sie dort den Wandteppich mit der Alltagsszene am Fluss und rollte ihn zusammen, sie sammelte die Pappmaché-Figuren und ihre Kleider ein, putzte das Waschbecken, die Fenster und den Boden, sortierte Unterrichtsunterlagen aus (»Nur mitnehmen, was du nicht im Kopf hast!«), wendete ihre Schallplatten zwischen den Händen und ordnete sie zu zwei Stapeln, sie zog den Stecker vom Plattenspieler aus der Wand und stieg hinab zum Briefkasten, weil sie ungeduldig auf Post von Bekannten wartete. Auf Informationen über Algerien und den Weg dorthin.

»Geh dich von ihnen verabschieden, wenn es dir hilft; ich bleibe hier. Und gib bitte mein Musikbuch im Sekretariat ab«, hatte sie gesagt.

Ein Buch, von dem es wohl an der ganzen Schule nur ein Exemplar gab.

Obwohl alle Zweifel der vergangenen Monate nun von ihm wichen, ihm Sekunde um Sekunde hätte leichter zumute werden müssen, schien sich sein Gewicht zu verdoppeln und etwas seinen Körper so auf den harten Hocker zu drücken, dass es ihm nicht gelang, sich im Laufe der Stunde nur ein einziges Mal zu erheben.

Als es klingelte, sprang er auf, eilte zu Effi Meister und unterzeichnete alle notwendigen Papiere; Effi Meister gab ihm zufrieden die Hand.

Gut, dass Marianne und ich nicht verheiratet sind, dachte er, so wird es einfacher für sie sein. Vor dem Sekretariat griff er nach dem Musikbuch und schob es unschlüssig zurück in seine Tasche. Falls sie es doch noch brauchte …

In der Hofpause trat er vor das Schulgebäude und bog sogleich in den Wald ab. Der Tag war, anders als vor einem Jahr, sonnig und windstill, einige reglose Blätter leuchteten im Streulicht, dennoch wurde ihm plötzlich bang. Er hetzte zurück. In den folgenden Stunden sah er in jedem Schüler nur sein eigenes Kind, in wenigen Jahren ein Schulkind, Marianne oder ihm ähnlich, Leseratte oder Knobler, Bastlerin oder Radfahrer, sportlich oder ungelenk, verträumt, wach oder zappelig, still oder schwatzhaft …

Als er nach dem Unterricht eine liegengebliebene Reliefkarte ins Fach räumte und seine eigenen Aufzeichnungen einpackte, stieß er neben dem Musikbuch auf ein ebenso weiches, etwas kleineres Buch. Das hat keine Eile mehr, dachte er. Dann war er plötzlich unsicher und stürzte los, durch den Flur des Schulhauses, die wenigen Stufen hinab, schräg über helles Gras und knirschenden Kies, der unter seinen Füßen

wegrutschte, ehe er Antje an der nächsten Quer-
straße einholte. Sie lief allein, sang einen englischen
Song vor sich hin und drehte sich abrupt um, als er
keuchend näherkam.

»Sie wollen sich verabschieden?«, fragte sie knapp
und sachlich.

»Nein – ich habe hier etwas für dich und Wolfram.«
Er berührte mit dem Papier ihre Hand und sie
griff daneben, was ihr fast nie passierte; da nahm er
ihre beiden Hände, öffnete sie und legte das Buch
darauf.

»Für später – versprich mir, dass ihr vorläufig auf-
hört, nach einem Ort für euer Radio zu suchen.«

»Wie sollen wir das lesen?«, fragte sie, mit leichter
Empörung in der Stimme.

»Ihr werdet einen Weg finden.«

Antje strich behutsam über das Buch und hielt es
nach oben ins Sonnenlicht, als hoffte sie, den Titel
erkennen zu können.

»»Radiotheorie««, sagte Hinrich. »Ihr beide werdet
immer mehr hören als ich sehe.«

Vor Mariannes Haus blickte er hinauf. Das winzige
Dachfenster, umrahmt von roten Ziegeln, war von
unten nur zu sehen, weil es offen stand. In einiger Entfernung pfiff eine Eisenbahn. Auf dem Nachbargehöft
bellte ununterbrochen ein Hund; ungemähtes Gras
neben gepflegten Gemüsebeeten, Blumenkohl, Zwie-
beln und Tomaten, ein kleines Gehege für Hühner, ein
Ziegenstall. Er betrachtete den Hof, als sähe er dies
alles zum ersten Mal.

Im obersten Stockwerk öffnete ihm Marianne beiläufig die Tür: »Hast du mein Buch abgegeben?« Sie packte und räumte, ohne ihn weiter zu beachten. Er schwieg. Als hätte sie etwas Wichtiges vergessen, hielt sie jäh inne und setzte sich auf das leere und saubere Sofa.

»Wie haben die Schüler es aufgenommen?« Sie sah ihn an, halb im Licht, halb im Schatten sitzend. Als sie ihn umarmen wollte, wich er zurück.

»Jetzt bist du unglücklich, aber es wird ein neuer Lehrer kommen, der sie unterstützt«, sagte sie, zog das Dachfenster zu, glättete am Waschbecken ihr Haar mit ein wenig Wasser und bürstete es ausgiebig.

Auf ihrem Koffer lag der Wandteppich; er rollte ihn aus und hängte ihn zurück an seinen Platz.

Marianne setzte sich wieder darunter. Lange verharrte sie so, ehe sie auf den Teppich deutete und sagte: »Nimm ihn mit, er soll dir gehören.« Er hatte erwartet, dass sie wütend werden würde. Sie strich über eine Stelle im Stoff, an der ein lachendes Kind mit schwarzem Haar eingewebt war; unerkennbar, ob Junge oder Mädchen.

Er zog das Musikbuch aus seiner Tasche, blätterte darin, las *Für Frieden und Freiheit*, überflog Noten und Strophen, Abbildungen von Instrumenten, eines ganzen Orchesters, hielt es ihr fragend hin; sie schüttelte den Kopf: »Sobald der Brief da ist …«

An der Tür drehte er sich noch einmal halb um, und während sie reglos blieb, schienen die Figuren im

Teppich, die Wolken, der Fluss, die Fische, die Früchte und die Netze der Fischer langsam in Bewegung zu geraten, sie nahmen Marianne in ihr Leben auf und das Zimmer schwand Stück um Stück.

Epilog

Die massive braune Tür der Aula stand weit offen.

Zu Hause hatte er sich Zeit gelassen, um sorgfältig ein weißes Hemd auszuwählen, dazu eine passende Krawatte, Kleidung, die vor allem gut und frisch riechen musste.

Nun mischte er sich unter die Schüler und Gäste, die hineinströmten. Jedes Mal, wenn er die Aula betreten hatte, war er erstaunt über die Finsternis gewesen. Dunkle hölzerne Balken überall, sogar die Decke holzverkleidet, eine Orgelempore und sehr schmale, hohe Spitzbogenfenster, darüber rundes Glas, klein wie Luken. Das spärliche Kunstlicht, das aus über den Raum verteilten Lampen drang, konnte wenig ausrichten, und für die Schüler war es mühsam, die Stufen zur Holzbühne hinaufzusteigen und sich dort zurechtzufinden.

Heute wirkte alles heller. Vor der Bühne leuchteten, im Gegensatz zu den dezenten dunkelblauen und grauen Anzügen der Jungen, die bunten Kleider der Mädchen, doch lag vor allem auf den Gesichtern eine lichte Freude.

Zehn Abiturienten, jeder Einzelne stolz vom Kopf bis zu den Zehenspitzen, die ersten Sehbehinderten im ganzen Land, die ihr Abitur ablegten. Fotografen und Journalisten der *Märkischen Volksstimme* und des *Neuen Deutschland* standen bereit, schossen erste Bilder, interviewten Effi Meister.

Hinrich hatte Antje für die Rede vorgeschlagen, und Effi Meister hatte Fred ausgewählt. Aber das war jetzt gleichgültig, denn er wusste, dass es Antje nichts bedeutete, hier vor Lehrern und Mitschülern, vor Verwandten und der Presse zu sprechen.

Er ging mit festen Schritten umher und drückte die Hände der Eltern, auch der Mütter und Väter von Schülern aus der Parallelklasse, schwielige und weiche Hände, raue, kräftige und zarte.

Ein Mann, dem er noch nie begegnet war, stellte sich vor, hochgewachsen und schlank, mit starker Brille und verbindlichem Händedruck.

»Thomas Mahlberg, Antjes Vater. Wir danken Ihnen, dass Sie Antje durch diese schweren Zeiten begleitet haben.« Antjes Mutter, die er von Elternabenden kannte, nur wenig kleiner als ihr Mann, kraftvoll, in langem Rock und fliederfarbener bestickter Jacke, ein fast unsichtbares Holzkreuz um den Hals, sagte leise: »Es ist ja nicht leicht für uns als Christen. Dass Sie immer zu Antje gehalten haben ...«

Hinrich sah auf ihre glatten, ungeschminkten Lippen, wich mit unruhigen Augen ihrem Blick aus und lächelte:

»Sie haben eine überaus kluge und begabte Tochter. Ich wünsche Ihrer Familie wirklich alles Gute.«

Sie standen am Rand, neben den Stuhlreihen, unweit der Tür. Der geöffnete Bühnenvorhang berührte fast den Boden. Eine kurze Treppe führte seitlich hinauf, und zwischen Bühne und erster Reihe schloss gerade eine kleine Frau mit rundem Gesicht Fred in die Arme. Es hatte Gerede gegeben, und nun sah Hinrich mit eigenen Augen, dass Jahn, knapp neben ihr, den gleichen Ring trug wie sie.

Nach und nach füllten sich die Plätze. Hinrich setzte sich vorne auf den für ihn bestimmten Stuhl und beobachtete fieberhaft den Eingang.

»Warum nicht? Es sind vier Jahre seitdem vergangen«, hatte Effi Meister großzügig gesagt, als er ihr vorgeschlagen hatte, Frau Weiler einzuladen, selbst unsicher, ob es eine gute Idee sei. »Es gibt ja inzwischen Zweifel, ob alles, was Stalin gesagt und getan hat, so großartig war.«

Auch Hinrich hatte Ulbrichts brisanten Kommentar im ND gelesen: *Zu den Klassikern des Marxismus kann man Stalin nicht rechnen*, aber als er Genaueres von Effi Meister wissen wollte, schnitt sie ihm das Wort ab: »Wir schicken ihr eine Einladung!«

Jetzt stöckelte sie zum Einlass, warf einen letzten Blick in den Flur und ließ die Tür, sich dagegen stemmend, langsam zugleiten. Sie richtete ihre Frisur, die hochgesteckten halblangen Haare, und betrat mit raschen Schritten die Bühne.

»Mit euren Lernergebnissen habt ihr gezeigt, dass ihr ebenso wie Sehende die Fähigkeit besitzt, Mathematiker, Geograph oder Lehrer zu werden oder im Gesundheitswesen zu arbeiten. Auch ihr seid in der Lage, unsere Volkswirtschaft zu stärken und unserem Land zu internationaler Anerkennung zu verhelfen.«

Sie unterbrach sich, um mit kräftigerer Stimme fortzufahren, sprach pathetisch und weitschweifig und hob in wohlwollendem Tonfall die Bedeutung der Abiturienten für den Ruf der Schule hervor. Einige Eltern weinten vor Rührung und ab und an klickte ein Fotoapparat.

»Jeder wird seinen Platz in unserer sozialistischen Gesellschaft finden, seinen Beitrag leisten, dessen bin ich gewiss. Denn vor allem darauf zielten alle Mühen der Lehrer ab.«

Hinrich räusperte sich und löste damit kurze Unruhe aus; ein paar Schüler rutschten auf den Stühlen herum, horchten in seine Richtung – aber dabei blieb es.

Ein historischer Moment. Das dachte Hinrich, während sie nacheinander auf die Bühne stiegen, ernsthaft und selbstbewusst. Er wusste nicht, welche Schulabschlüsse Sehbehinderte anderswo machen konnten, abgesehen von der Blindenstudienanstalt in Marburg, aber spielte das eine Rolle?

Als die erste Schülerin mit dem Schuh gegen eine Stufe stieß und Effi Meister ihren Arm ausstreckte, um ihr mit eleganter Gebärde hinaufzuhelfen, sah Hinrich einen Moment lang Marianne dort stehen: zierlich, die helle Hand fest um eine andere geschlossen.

Auch Fred und Georg ließen sich geleiten, doch Antje behielt ihre Arme am Körper und stieg allein die Stufen hoch, aufrecht in einem langen azurblauen Kleid.

Dann wurde er auf die Bühne gebeten. Er redete nur kurz, wissend, dass die letzten Jahre für sich selbst sprachen, dass er nicht in Worten wiederholen musste, was die Schüler unwiderruflich geprägt hatte.

Er überreichte ihnen die Zeugnisse und fühlte ihre Hände, die jahrelang auf Braillemaschinen und zuweilen auch auf gewöhnlichen Schreibmaschinen getippt, Unsichtbares abgetastet hatten, ihre Hände, die Antje einmal ihre Augen genannt hatte.

Fotoapparate blitzten jetzt ständig auf. Wenn die Schüler den richtigen Moment erkannten, strahlten sie noch mehr, und manchmal breitete sich das Lächeln auch erst nach dem Klick auf ihren Lippen aus. Ganz bestimmt würden die Eltern oder Geschwister ihnen die Zeitungsberichte vorlesen.

Dann trat Fred einen langen, unsicheren Schritt vor und Hinrich stellte das Mikrofon rasch auf seine Höhe ein. Das Publikum verstummte, hielt inne, eine Turmuhr schlug in der Ferne, man hörte den gleichmäßigen Glockenklang und Freds tiefes Atmen. Er rang mit den Händen und sagte:

»Als ich auf diese Schule kam, ... hatte ich eine schwere Zeit hinter mir. In meiner alten Klasse spottete man über mich, wenn ich an der Stufe vor der Tafel stolperte oder eine Geschichte erfand, weil ich die im Buch nicht lesen konnte ...«

Er sprach auswendig, und obwohl er manchmal stockte oder nuschelte, blieb das Publikum aufmerksam.

»Vor zwei Jahren bekamen wir im Astronomieunterricht eine tastbare Sternkarte, die unser Lehrer entwickelt hatte. Auch wenn ich dadurch die Größe des Universums begriffen habe, hätte ich meine Schulzeit an keinem anderen Ort verbringen wollen.«

Jahn legte eine Hand auf die Schulter seiner Frau und blickte hinauf zu Hinrich, der ihm unmerklich zunickte. Heftiger Applaus erscholl.

Auf dem Schulhof boten die Schulköchinnen Wein, Sekt, Bier, Limonade, belegte Brötchen und Kuchen an und eine Kapelle aus dem Ort spielte schnelle und langsame klassische Tänze.

Georg wurde von einer jungen Erzieherin zur Hofmitte geführt und sie wagten als Erste einen Wiener Walzer. Im letzten Jahr hatten die Schüler einen Kurs besucht, immer und immer wieder die Schritte geprobt. *Mit einer Frau tanzen, die eine schöne Stimme hat.* Endlich hatte sich Georgs Wunsch erfüllt!

Hinrich holte sich ein Bier und forderte mal diese, mal jene Lehrerin auf, nur Effi Meister fragte er nicht. Schließlich lehnte er sich gegen die Schulmauer und beobachtete, wie seine Schüler ausgelassen tanzten, als die Kapelle russische Volkslieder, deutsche Schlager und einmal sogar Rock 'n' Roll spielte; Georg hüpfte, Fred blieb mit den Füßen auf dem Boden und wippte rhythmisch und abgehackt in den Knien, während Antje fließende Bewegungen mit Armen und Beinen machte. Ein oranger Abendschimmer fiel schräg auf den Schulhof, als sie begannen, einen Liebesschlager laut und übertrieben mitzusingen.

Er ging ein paar Schritte auf sie zu, um sich zu verabschieden, zögerte und blieb reglos in der tanzenden Menge stehen. Dann bahnte er sich zügig einen Weg zum Schulgebäude, in dem es dunkel, kühl und still war.

Einen Moment stand er dort; die Musik drang wie von fern zu ihm. Dann lief er rasch zur anderen Seite und trat aus der Schule wieder heraus. Der halbe Mond zeigt sich als blasser Schemen, ein erster Stern blinkte. Die Sternkarte. Jetzt würden die Schüler in die Welt hinausziehen, in die kleine Welt ihres Landes, nach Berlin, Cottbus oder Karl-Marx-Stadt. Georg wollte Masseur werden, da könne er gleichzeitig viel mit den Patienten reden, Fred Pädagogik studieren und als Blindenlehrer eines Tages hierher zurückkehren, und Antje schwankte zwischen Ingenieurwesen und Physik.

Im Zentrum waren die Straßen noch belebt. In der Dämmerung schlenderte er an den geschlossenen Geschäften und gut besuchten Gaststätten vorüber, sah Arbeiter beim Bier lachen, eingehüllt in den Nebel ihrer Zigaretten, entschied sich dagegen, einzukehren und lief am Kanal zurück.

Zu Hause lockerte er den Schlips, schaltete den Fernseher an und ließ sich in den neuen braunen Sessel gegenüber fallen. Der Apparat, Modell »Rembrandt«, mit vier Drehknöpfen, frei verkäuflich, doch nicht für jeden sofort zu haben, stand auf einer farblich dazu passenden Kommode.

Den Fernseher und die kleine komfortable Wohnung hatte man ihm angeboten, obwohl er darauf achtete, sich in den Berichten vage auszudrücken. Oder wurden im Gegenzug konkretere Informationen von ihm erwartet? Manche Fragen galten auch den Eltern der Schüler, aber gerade weil er wusste, worauf diese zielten, behielt er die kleinen, unbedeutenden Bemerkungen, aus denen man jemandem einen Strick drehen konnte, für sich.

Vielleicht aber lag dem Präsent etwas anderes zugrunde, denn er hatte ein paar Sätze aufgeschnappt, die er wohl nicht hatte mithören sollen;

er wurde möglicherweise bedacht, damit er still-hielt – bestimmte Nachrichten waren nicht für die Öffentlichkeit bestimmt.

In seiner Anwesenheit hatte der Führungsoffizier am Telefon von einer Rede gesprochen, die es vor der Bevölkerung zu verbergen gelte, die um Himmels willen nirgends gedruckt werden dürfe, weil sie das Land in denselben Zustand wie vor drei Jahren stürzen würde. *Ob alles, was Stalin gesagt und getan hat, so großartig war.*

Seitdem er den Fernseher besaß, hörte er kaum noch Radio, eigentlich schon vorher, obwohl die Rundfunkstrukturen sich verändert hatten, die Zentralisierung gescheitert war. Anfangs, im Sommer und Herbst nach den Juniereignissen, schaltete er das Radio täglich ein, begierig auf die Sendungen aus den einzelnen Regionen, besonders aus seiner eigenen, er lauschte den Diskussionsrunden und ganz erstaunt auch der Musik, den westdeutschen Schlagern und einfachen, harmonischen Melodien der Country-Lieder, die neben Opern- und Ballettmusik, Klavier- und Orchesterwerken gespielt wurden.

Eines Tages merkte er, dass er gar nicht mehr richtig zuhörte. Die Tanzmusik dudelte im Hintergrund, eine sich überschlagende Stimme stellte Quiz-Fragen, manchmal an eingeladene Betriebskollektive, die ehrgeizig miteinander um den Titel stritten, Preise erhielten. In der Schlagerlotterie durfte er jetzt bei der Liedauswahl mitentscheiden, aber es interessierte ihn nicht mehr, weil er im Laufe der Zeit stärker auf die

Texte geachtet hatte; seicht kamen sie ihm vor und trivial, fade, nichtssagend.

Durch die Sätze des Führungsoffiziers neugierig geworden, hörte er im Frühjahr, als die Schüler ihre Abiturprüfungen absolvierten, nach langer Zeit wieder RIAS. Zweimal wurde Chruschtschows *Geheimrede* auf dem XX. Parteitag der KPdSU erwähnt, in der er den Personenkult um Stalin zutiefst kritisiert und festgestellt hatte, dass, wer sich Stalins Meinung entgegenstellte, zur moralischen und physischen Vernichtung verurteilt war. Dass auch viele ehrliche Leute aus den eigenen Reihen zum Volksfeind gestempelt wurden. Nach der Rede, so der Radiosprecher, war jeglicher Beifall ausgeblieben. Dennoch schöpfte Hinrich unerwartet Hoffnung, dass man Gustav Weiler nachträglich rehabilitierte. Schließlich war auch Paul Merker inzwischen aus der Haft entlassen worden.

Müde und zufrieden streckte er seine Beine aus und ließ schläfrig die Bilder einer Reportage über die Taiga an sich vorüberziehen, dichte Nadelwälder, schlanke Birken und vor Feuchtigkeit glänzende Moose, Heidekraut im Herbst und die geschmeidigen Bewegungen der dort lebenden Tiere, Wölfe, Füchse, Luchse und Eichhörnchen.

Er war beinahe eingeschlafen, als die Stimmung jäh wechselte; Langsamkeit und Ruhe wurden von Aufruhr und Tumult abgelöst. Ein Demonstrationszug war zu sehen, Frauen mit Kopftüchern und ohne, kampfbereit, empört Französisch sprechend, Aufbegehren im Blick. Es war eine Sendung über Frauen im algerischen Unabhängigkeitskampf. Zwanzig, vielleicht dreißig Sekunden lang starrte er auf den hellen Schopf einer Frau im Hintergrund, die einen kleinen, zappelnden Jungen auf dem Arm trug. Sie bewegte unablässig den Kopf, bemühte sich, den Kleinen zu bändigen; nie wurde ihr Gesicht vollständig gezeigt.

Hinrich richtete sich auf und schaltete den Fernseher aus. Zurück im Sessel wähnte er Mariannes Wandteppich an der Zimmerdecke; die Dorfszene mischte sich mit Fernsehbildern. Ohne das neue Gerät, dachte er bitter, während er in den Schlaf glitt und wieder hochschreckte, quälte ihn jetzt keine Sehnsucht nach diesem lebhaften Jungen, der in die Kamera gewunken hatte.

Mühsam erhob er sich, öffnete einen kleinen Karton, kramte nach seinen Kinderfotos und verglich sie in Gedanken mit der Gestalt des Jungen. Missmutig, weil die Fotos ihm nicht weiterhalfen, schlug er den Karton zu.

Er dachte an die Mutter, die manchmal mit einem selbstgebackenen Kuchen vorbeikam. Beim letzten Besuch hatte sie anerkennend die Wohnung gemustert und plötzlich gemeint, dass sie sich so sehr ein Enkelkind wünsche.

Hätte er doch stattdessen Radio gehört! Auch den blinden Schülern würde das Fernsehen nichts bringen …

Kurze Zeit später bekam er einen besonderen Auftrag von seinem Führungsoffizier. Er, der sich mit dem Rundfunk auskenne, solle öfter nach Berlin fahren und einen Philosophen beschatten, der das Radio für seine Zwecke nutzen wolle. Es habe sich eine Gruppe gebildet, die nach Chruschtschows Rede – jetzt sprach er freimütig zu Hinrich – auch hier Veränderungen fordere, einen neuen, offeneren Weg zum Sozialismus. Diese Person plane, über Westberliner Rundfunksender ihre Ideen zu verbreiten und zur Bildung von Arbeiter- und Soldatenräten aufzurufen, damit sie die politische Macht ergreifen können.

»Natürlich übernehme ich den Auftrag«, sagte Hinrich zum Führungsoffizier.

Am darauffolgenden Tag ging ein sturmartiger Wind, der einem Passanten vor der Bahnhofshalle die Mütze herunterriss. Sie wirbelte durch die Luft, fiel unmittelbar vor Hinrich auf das Kopfsteinpflaster und wurde noch ein Stück weitergeweht. Rasch hob er sie auf. Grau war sie, wie Wolframs, und sogar aus dem gleichen Stoff.

Hinrich hatte lange nicht mehr an Wolfram gedacht. In einer Schulpause, es war vielleicht ein halbes Jahr her, hatte er Antje belauscht, während sie mit einer Freundin redete:

»Ich weiß nicht mal, ob Wolfram noch in Ostberlin wohnt.«

Er sah ihn vor sich, das meist ernste Gesicht, hörte den skeptischen Tonfall in seiner Stimme. Dann verwandelte sich das Bild in ein anderes: der Vater als junger Mann, so wie Hinrich ihn auf Fotos gesehen hatte.

Der Fremde bedankte sich, als Hinrich ihm die Mütze zurückgab, und sagte kopfschüttelnd: »Alles muss man jetzt festhalten.«

Hinrich stieg nach ihm in die S-Bahn. Während er gedankenverloren durch die stumpfen Fensterscheiben starrte, wünschte er sich nichts mehr, als Wolfram wiederzusehen – und zugleich, dass es bei dem Wunsch blieb.

Mein herzlicher Dank gilt der Bezirksgruppe Heidelberg des Badischen Blinden- und Sehbehindertenvereins, insbesondere Luitgard Mayer und Helmut Höfig, dem langjährigen Geschäftsführer des Blinden- und Sehbehindertenverbands Brandenburg Joachim Haar (†), dem Vorsitzenden des Fördervereins »Sender Königs Wusterhausen« e. V. Rainer Suckow, dem Heimat- und Museumsverein Königs Wusterhausen, insbesondere Margitta Berger, Uwe Wolff und Heinz Flieger, sowie dem Schulleiter Fred Oelschläger und Ina Skrzipek von der Marie-und-Hermann-Schmidt-Schule Königs Wusterhausen.

Ich danke für Gespräche, Führungen, erhellende Auskünfte und Einblicke und das geduldige Beantworten meiner Fragen.